VIE

DE

SAINT STANISLAS KOSTKA

—

TOME PREMIER

—

VIE

DE

SAINT STANISLAS KOSTKA

PAR

Mgr ABEL GAVEAU.

PRÊTRE

JAM NIE urodzon dla rzeczy ziemskich, iedno dla niebieskich; to tez temi a nie tamtemi chce sie zajmowac.

Je ne suis pas né pour les choses de la terre, aussi je ne veux pas m'en occuper. Je suis né pour les choses du Ciel: à celles-ci uniquement je veux donner mes soins. (Paroles de saint Stanislas).

TOME PREMIER

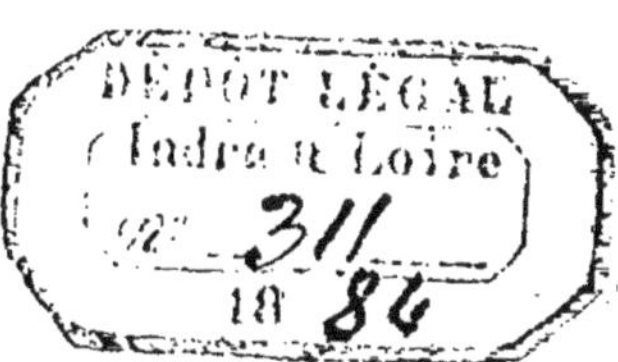

TOURS

CATTIER, LIBRAIRE-ÉDITEUR

1884

AVANT-PROPOS

Voici une nouvelle édition de la *Vie de saint Stanislas Kostka*, par M. Abel Gaveau. On verra que l'auteur a retouché son œuvre avec un soin délicat. Avant de la livrer au public, il a voulu visiter une fois encore les lieux sanctifiés par la présence du Bienheureux ; et, tandis que, dans ce pieux pèlerinage, il ne pensait qu'à vénérer les souvenirs dont le parfum recueilli là depuis près de vingt années n'avait cessé d'embaumer son âme, en Pologne, en Italie et en Allemagne il recevait de nombreuses marques de sympathie pour l'exactitude et pour l'accent avec lesquels il avait parlé de l'angélique saint. Dans la ville de Vienne, qui possède la maison où Stanislas Kostka fut visité par la divine Vierge et communié par un ange, des personnages augustes lui ont même remis de précieux documents.

Les deux volumes se présentent donc avec un charme nouveau.

Les lignes écrites par l'auteur, lorsque le livre parut pour la première fois, ont encore ici tout leur à-propos. Nous nous faisons un devoir de les reproduire :

« Cet humble travail n'est pas *Une vie de*

saint, selon l'acception si grave de ce grand mot. Nous avouons avec simplicité que nous sommes dépourvu du talent qu'il faut avoir pour faire une telle œuvre.

« C'est un livre pieux offert à la jeunesse chrétienne. Notre premier soin a été naturellement d'examiner les monuments que l'Église conserve, avec un tendre respect, dans ses archives, sur saint Stanislas, puis de lire les différentes Vies du bienheureux écrites en langue italienne. La Vie qui a pour auteur le Père Longaro, de la Compagnie de Jésus, exhale un très suave parfum de dévotion ; celle qui a été composée par le Père Bartoli, de la même Compagnie, est un chef-d'œuvre ; l'une et l'autre ont été pour nous l'objet d'une étude particulière. Nous désirions vivement connaître le différentes Vies de saint Stanislas écrites en langue polonaise. Le vénérable Père Jérôme Kajsiewizc, supérieur de la congrégation de la Résurrection, nous a donné cette consolation, en prenant la peine de nous traduire de vive voix ce qu'il y a de plus intéressant en polonais sur cet angélique jeune homme ; spécialement sa vie par le célèbre Père Skarga. Ce travail préliminaire fournissait à peu près ce qui était nécessaire pour donner sur saint Stanislas quelque chose non pas de rare et d'exquis, mais au moins de simple et de vrai. Il était sans doute indispensable, avant d'écrire, de voir dans la prière, à la lumière divine, cette suave et incomparable figure de saint. Agenouillé auprès de son tombeau , nous l'avons contemplée longtemps avec amour. Puis nous avons tracé ces lignes, ému souvent. Cette émotion était causée autant, il nous semble, par les merveilles qui se pressaient sous notre plume, que par une pensée qui nous touchait profondément. Peut-être ,

pensions-nous, peut-être ces jeunes gens
pour qui nous nous écrivons ce livre, éprou-
veront-ils, en le lisant, de pieux désirs ;
peut-être comprendront-ils mieux la dignité
de leur âme faite uniquement pour le ciel,
la beauté de l'innocence, les ineffables douceurs de la piété.

« Aujourd'hui quel est l'homme de bien
qui n'éprouve pas une tristesse immense à
la vue de tout ce qui se fait pour nuire à
ces pauvres âmes ! On ne tend qu'à les flétrir
en leur donnant des principes qui les abais-
sent vers la terre, leur font perdre le goût
de la vertu, et les portent à mépriser cette
chose qui sera toujours grande et le tout de
l'homme, l'amour de Dieu et la piété. Ceux
qui gémissent sur ces maux nous pardon-
neront, nous en avons la confiance, d'avoir
essayé de présenter à cette jeunesse un saint
admirablement fait pour rappeler à tous

ces belles et pures notions qui se perdent
ou du moins s'oublient. »

Fait au tombeau de saint Stanislas Kostka, en la fête
de la Compassion de la sainte Vierge.

M. Laurentie aimait à dire de cet ouvrage : « Il est écrit avec une simplicité
élégante et correcte, et surtout avec une
effusion de foi qui lui donne un grand
charme. » N'est-ce pas la vraie manière
de raconter la vie des Saints? Là est le secret du succès que le livre n'a cessé d'obtenir.

L'Éditeur,

A. CATTIER.

APPROBATION DE Mgr L'ÉVÊQUE DE BLOIS

POUR LA PREMIÈRE ÉDITION

DE LA VIE DE SAINT STANISLAS KOSTKA

Louis-Théophile par la grâce de Dieu et du Saint-Siège apostolique, Évêque de Blois.

Nous avons fait examiner la nouvelle *Vie de saint Stanislas Kostka*, composée par M. Abel GAVEAU, prêtre de notre Diocèse.

Le rapport très favorable qui nous a été fait constate que cet ouvrage suppose des recherches sérieuses ; qu'on y trouve un véritable esprit de foi et de piété, et qu'il est très propre à intéresser par la manière dont il est écrit. Pour ces motifs nous autorisons la publication de ce livre, et nous en recommandons la lecture.

Puisse la nouvelle vie de cet aimable saint se répandre dans les communautés religieuses, dans les familles et dans les maisons d'éducation ! Puisse-t-elle faire aimer et pratiquer les vertus qui font le bonheur et le charme de la jeunesse chrétienne !

Donné à Blois, le 4 février 1865.

† L.-Tʜ., Év. de Blois.

VIE

DE

SAINT STANISLAS KOSTKA

CHAPITRE PREMIER

De la noble famille de saint Stanislas, et comment ses
ancêtres étaient attachés à l'Église romaine.

Le petit jeune homme et le grand saint [1]
dont nous essayons d'écrire la vie appartient à
la nation polonaise. Dieu voulut lui choisir un
berceau au milieu de ce peuple intéressant et
héroïque, dont la destinée fut d'être toujours *la
glorieuse victime de la chrétienté* [2]. C'était au

---

[1] Nous nous sommes servis de la belle antithèse du pape
Urbain VIII, qui avait employé cette expression en s'en-
tretenant de saint Stanislas avec Georges, évèque de
Wilna.

[2] M. de Montalembert, *Introduction* de la *Vie de sainte
Elisabeth.*

xvie siècle, époque de grandeur et de prospérité
pour la noble nation. Son territoire comprenait
alors presque toute cette partie du nord de l'Europe située entre la mer Baltique et la mer Noire;
et avec ses immenses masses de forêts au milieu
desquelles perçaient les sommets des montagnes,
avec ses collines brillant de milliers de lacs, avec
ses beaux fleuves, ses vallées marécageuses et ses
plaines, tantôt appauvries par des sables, tantôt
d'une rare fertilité, le pays de saint Stanislas présentait un aspect capable de charmer les yeux.

Réservant à cet enfant privilégié ses plus douces bénédictions, dit un pieux historien [1], et
ayant dessein de faire éclater en lui les prodiges
de son amour et de le montrer au monde comme
un monument insigne de ses miséricordes, Dieu
se plut à le distinguer jusque dans sa naissance,
et ne lui épargna pas la noblesse de la famille,
après lui avoir donné la noblesse de la nation.
Quoique cette gloire temporelle soit trop peu de
chose, comme le dit Bossuet, pour qu'on doive

---

[1] Le Père Longaro, de la Compagnie de Jésus.

s'y arrêter plus qu'il ne faut, cependant, puisque le Seigneur ne dédaigna pas de choisir une race illustre à son Fils, qui venait sur la terre mépriser les grandeurs humaines, et puisqu'il ne voulut pas que ce Fils bien-aimé eût d'autres aïeux que des rois, il n'y a rien, ce semble, de contraire aux règles de la foi de louer en Stanislas ce que Jésus-Christ a voulu avoir.

Deux familles sénatoriales brillaient entre toutes les autres par leur antiquité, par les grandes charges qu'elles avaient toujours possédées, et avant tout, par leur profond attachement à l'É-glise. C'étaient la maison de Dabrowa et celle d'Odrowaz.

Pendant plusieurs siècles, on ne trouve dans la maison de Dabrowa que palatins [1], chanceliers, maréchaux du royaume, castellans, généraux,

---

[1] La forme du gouvernement de la Pologne donnait alors à chacune de ces dignités un éclat et une importance qu'elles n'ont pas dans les autres pays. La monarchie n'était pas héréditaire. A la mort du roi, chacun des membres du sénat pouvait être élu. Or le sénat se composait du roi, qui le présidait, puis des évêques, qui tenaient le premier rang après lui, des palatins, qui étaient à la tête

ambassadeurs auprès de toutes les cours de l'Europe. Toutes les dignités ecclésiastiques y entrèrent ; on y voit un grand nombre d'évêques et d'archevêques. Enfin les autres membres de cette famille, que leur fortune ou leur mérite n'éleva pas à ces honneurs, furent au moins starostes, c'est-à-dire gouverneurs ou juges, ayant le commandement d'une ou de plusieurs forteresses dans les différents palatinats. Cette charge était à vie. Sur la tige si illustre des Dabrowa, une branche avait fleuri dans le cours des siècles, et avait formé la maison de Kostka.

La famille des Odrowaz n'était pas moins remarquable. Elle aussi fut longtemps en possession des plus hautes dignités. Mais elle a en outre la gloire de compter parmi ses membres un homme dont les vertus et les miracles illustreront à ja-

de chacune des provinces nommées, à cause de cela, palatinats ; des castellans, qui administraient une partie du royaume ; des deux chanceliers, des pères de la cour et des deux maréchaux. Toutes les affaires de l'État étaient entre les mains de ces hauts dignitaires, qui pouvaient, ainsi que nous l'avons fait observer, être appelés, à un moment ou à un autre, à monter sur le trône.

mais l'Église, la Pologne et l'ordre des Frères Prêcheurs : cet homme est saint Hyacinthe, qui se fit enfant de saint Dominique. Et de cette grande famille s'était formée la maison de Kristka.

On voit dans l'histoire que les maisons de Kostka et de Kristka, issues de ces deux antiques souches, se montrèrent dignes de l'héritage de gloire qui leur était échu, et furent aussi investies des plus hautes charges de l'État. Comme en Pologne la royauté se recrute dans les familles sénatoriales, la maison de Kostka fournit au trône son contingent. En 1574, on trouve placé au premier rang parmi les candidats à la couronne un membre de cette famille, Jean Kostka, très proche parent de Stanislas. Toutefois des raisons qu'il est hors de propos d'exposer ici lui firent préférer Bartory, prince de Transylvanie ; et ce n'est qu'en 1669 que la dignité royale entra en cette maison [1], dans

[1] Ce Jean Kostka eut une fille qui fut donnée en mariage au duc d'Ostrog et de Jaroslavie. Une fille naquit de cette union et fut mariée à Zamoyski, grand chancelier du royaume. Zamoyski eut une fille, nommée Griselda, à laquelle il fit épouser Jérémie Koribut-Wisenowski, palatin

la personne de Michel Koribut, arrière-petit-fils de Jean Kostka.

Il faut remarquer ici que, si ces deux grandes familles conservèrent avec un pareil éclat leur noblesse durant tant de siècles, cela tenait à l'attachement vraiment filial qu'elles avaient toujours montré pour l'Église et son auguste chef. On sait, en effet, qu'il est échu en partage à cette immortelle épouse de Jésus-Christ de communiquer quelque chose de son immortalité et de sa gloire aux races qui lui sont dévouées et qui la servent, et personne n'aima plus l'Église que les Kostka et les Kristka. Il était connu de tous que jamais la plus légère tache de schisme ou d'hérésie n'avait souillé l'inaltérable pureté de leur foi.

Des temps malheureux vinrent où l'on vit, à la faveur de la dissolution des mœurs et de la haine qu'on cherchait à inspirer aux populations contre l'Église romaine, le luthéranisme envahir tout le nord de l'Europe et pénétrer jusque dans la Po-

de Russie. Griselda et Jérémie eurent un fils, qui s'appela Michel Koribut, et qui fut roi de Pologne.

logne. Comme toujours, nos deux nobles familles demeurèrent inébranlables dans leur fidélité à la vraie foi. Ne se contentant pas de posséder pour elles-mêmes cette piété filiale envers l'Église, elles mirent un soin extrême à empêcher l'erreur de se glisser parmi leurs populations. Tous leurs biens et toutes leurs richesses étaient dans le duché de Masovie; elles exerçaient là une grande influence. On ne lit pas, sans une admiration profonde, qu'elles avaient réussi à empêcher qu'aucun hérétique, de quelque secte et de quelque condition qu'il fût, ne fixât son séjour dans ce grand duché. Et même, si quelques-uns, en voyageant pour leurs affaires, avaient besoin d'entrer sur ce territoire, les ordres les plus sévères étaient donnés pour que ce passage se fît avec le plus de promptitude possible; de sorte que, nous dit naïvement l'historien à qui nous empruntons ces détails, ces hérétiques avaient plutôt l'air de fugitifs que de gens qui voyageaient.

Dieu choisit dans ces deux maisons les parents qu'il voulut donner à Stanislas. Jean Kostka, sénateur et castellan de Zakroczym fut son père;

sa mère fut Marguerite Drobnin-Kristka, sœur
et petite-fille des palatins du duché de Masovie,
et tante du célèbre chevalier de Pologne Félix
Kristki.

CHAPITRE II

Du prodige qui précéda la naissance de saint Stanislas ;
de son baptême, et comment il fut déposé devant l'autel
du saint Sacrement.

Aux confins de la Masovie et de l'évêché de Plock, sur le territoire de Cicchow, il y avait un domaine seigneurial connu depuis des siècles sous le nom de Kostkow [1]. C'était l'antique résidence de la noble famille de Kostka. De tout temps les membres illustres de cette maison avaient gouverné de là [2] les pays qui relevaient

[1] Ce domaine se composait d'un groupe d'habitations et de plusieurs hameaux.

[2] Les princes de Pologne avaient coutume de fixer leur

de leur autorité. Jean Kostka, après avoir obtenu la main de Marguerite Kristka, y habitait, suivant l'usage de ses pères.

Les deux époux vivaient donc ensemble dans ce château, au sein d'une douce paix. Dieu, qui les aimait, ne leur avait pas refusé la plus belle des bénédictions qu'il puisse donner à un mariage chrétien. Quatre petits enfants, dont trois garçons et une fille, leur était nés; et, pleins de grâce, grandissaient sous leurs regards attendris et heu-reux[1], quand, un jour, Marguerite Kristka vit qu'elle allait encore devenir mère; et peu de

résidence au milieu de leurs propres domaines, de sorte qu'ils administraient du fond de leurs châteaux les provinces à la tête desquelles on les avait placés.

[1] Jean, Albert et Paul. La fille, dont l'histoire n'a pas conservé le nom, fut donnée plus tard pour épouse à un noble jeune homme de la maison de Radzanowski. Jean, qui se maria également, n'eut que des filles. La mort ne laissa pas à Albert le temps de se marier, ni à Paul celui d'entrer dans la Compagnie de Jésus, selon le désir qu'il en avait. Comme ils étaient les derniers rejetons de la famille de Kostka, ce nom illustre devait s'éteindre, s'il n'avait pas plu à Dieu de le faire briller éternellement dans la personne du saint enfant que Marguerite Kostka va bientôt mettre au monde.

temps après, elle eut un songe admirable, de ceux
que Dieu même fait venir du ciel par le ministère
des anges[1]. Une nuit donc qu'elle dormait, il lui
sembla apercevoir tout à coup sur son sein une marque céleste. Elle regarde de plus près pour s'assurer que ses yeux ne la trompent pas, et voit à l'instant se détacher clairement en lettres de pourpre
le nom sacré de Jésus : des rayons sortaient de
ces lettres mystérieuses. Des larmes de douceur
coulèrent alors de ses yeux, sans qu'elle sût pourquoi, et quand elle s'éveilla, elle se trouva remplie d'une joie ineffable.

Cette suavité extraordinaire lui faisait soupçonner qu'il pouvait y avoir là quelque chose de divin ;
cependant elle ne tint d'abord aucun compte de
cette vision. Mais quelle ne fut pas sa surprise et
son émotion, quand, plusieurs jours après, ce
même nom[2] de Jésus qu'elle avait vu en songe
imprimé sur son sein par je ne sais quelle main

[1] Bossuet, *Orais. fun. d'Anne de Gonzague*, p. 96.
[2] Mart. Baron., dans sa *Vie de saint Stanislas*, éditée
à Cracovie en l'année 1609. Il est aussi question de ce
signe merveilleux et du songe qui le précéda dans *Mart.
Pasckowski*, livre IV, page 60 ; dans le *Procès de Posen*,

céleste, se trouva réellement gravé sur elle. La frayeur la saisit jusqu'au fond de l'âme à cette vue ; et quoique ce prodige ne respirât que douceur, puisque rien sur la terre n'est plus suave, plus rassurant, plus aimable que le nom de Jésus, cependant, comme il est dans la nature des choses divines de porter avec elles d'abord l'effroi, pour faire ensuite place à la consolation, elle se sentit toute bouleversée.

Sa grande émotion se calma peu à peu, et, devenue plus maîtresse de ses pensées, elle commença à se préoccuper de l'avenir de l'enfant qu'elle portait dans son sein, et auquel devait se rattacher le prodige qu'elle avait sous les yeux. Elle comprit qu'elle était appelée à donner le jour à quelque âme extraordinairement chérie de Dieu ; qu'il fallait que ce fût vraiment un ange, l'enfant dont elle allait être la mère, pour que le Ciel eût pris le soin d'imprimer sur elle son cachet. Dans son bonheur, elle ne savait que dire à Dieu : « Mon Dieu, s'écriait-elle à chaque instant avec

2ᵉ témoign., p. 159 ; dans le *Procès rom.*, tom. IV, page 912 ; dans le premier *Procès de Prémisl.*, p. 33.

une inexprimable tendresse et une fraîcheur de
joie qu'il est donné au seul cœur maternel de
sentir, mon Dieu, il sera pour vous, il sera à vous. »
Puis bientôt, trouvant trop délicieuses ces pensées,
elle s'arrêtait au milieu de sa candide allégresse, et
laissait la frayeur reprendre le dessus, jusqu'à ce
que, ne vivant plus au milieu de ces inquiétudes,
il lui vînt en pensée d'aller trouver à Prasniz
l'homme savant qui avait le secret de sa conscience,
et qui, étant un grand ami de Dieu, pourrait lui
découvrir la signification de ce prodige.

Le saint prêtre consulta le Seigneur dans la
prière, puis vint dire à la pieuse mère : « Une
main céleste, il n'en faut pas douter, a écrit sur
votre sein ce nom sacré. Vous avez peur ; rassurez-
vous : ce nom est trop doux pour que vous ayez
à craindre quelque malheur. Regardez-vous plutôt comme la plus heureuse des mères... Votre
enfant sera un ange. Le Seigneur en use souvent
ainsi quand il fait apparaître un saint sur la terre ;
presque toujours par des signes extraordinaires
il annonce, avant sa naissance, que cet enfant sera
grand, et il laisse même quelquefois entrevoir ce à

quoi sa divine bonté le destine. Je ne peux rien vous dire sur ce que Dieu veut faire de votre enfant; je l'ignore, et dans ce nom de Jésus je ne vois rien pour le moment qui révèle sa destinée, à moins peut-être que cela ne veuille dire qu'il est appelé à glorifier plus tard d'une manière admirable ce nom divin. Ouvrez donc sans crainte votre âme à la joie, et faites tous vos efforts afin de vous rendre digne de posséder bientôt l'ange que Dieu va vous donner. »

L'homme de Dieu n'en pouvait pas dire davantage, car la Compagnie de Jésus datait à peine de dix ans, et n'avait pas encore eu le temps de pénétrer en Pologne. On ignorait son existence dans ce pays, et particulièrement dans le duché de Masovie, qui est une des provinces les plus éloignées. Ainsi ce prêtre ne pouvait naturellement deviner que du nom de Jésus écrit sur le sein de cette femme, il fallait conjecturer que l'enfant qu'elle allait mettre au monde était destiné à entrer dans l'Ordre célèbre qui a pour enseignes et pour armes ce grand nom *devant lequel tout genou fléchit au ciel, sur la terre et dans les enfers*. Marguerite accueillit avec des larmes de joie cet oracle qui venait du représentant de Dieu auprès de son âme, et ne craignit plus, après qu'il eut parlé, de se réjouir. Elle prit surtout la résolution de vivre le plus saintement possible, en attendant le moment où Dieu lui accorderait cet enfant de bénédiction.

Le 28 octobre de l'an 1550[1], elle donna le jour à un petit garçon, qu'elle voulut faire baptiser aussitôt avec la plus grande solennité. Accompagné de toute la noblesse, qui était accourue des châteaux[2] environnants, le nouveau-né fut conduit à la paroisse, distante de deux milles de Kostkow.

C'est à Prasniz, dans l'église de Saint-Adalbert, évêque et martyr, que le petit enfant fut revêtu

[1] Quelques auteurs disent qu'il naquit à la fin de septembre, d'autres au commencement d'octobre ; mais il existe un écrit, tracé de la main même de Stanislas, qui ne laisse aucun doute sur la date précise de sa naissance. On lit dans cet écrit qu'il atteignit sa dix-huitième année le 28 octobre 1568.
Ainsi le jour de sa naissance est bien le 28 octobre 1550.

[2] « Comitantibus quam plurimis nobilibus viris et matronis. » *Procèsrom.*, p. 835.

de cette innocence angélique qu'il sut conserver dans tout l'éclat de sa beauté jusqu'au dernier soupir de sa vie. On lui donna le nom de Stanislas. Quand la cérémonie sacrée fut finie, André Radzanowski, son parrain, le prit dans ses bras en présence de tous les seigneurs et des nobles dames qui entouraient les fonts baptismaux, et alla le déposer par terre devant l'autel du saint Sacrement. On a toujours cru qu'il fit cela, poussé par une inspiration céleste. En effet, le Dieu de l'Eucharistie, qui devait tant aimer cet enfant et tant faire pour lui, voulut sans doute qu'il lui fût présenté et consacré d'une manière toute spéciale aussitôt après son baptême, et, à cause de cela, on comprend facilement qu'il ait secrètement porté son parrain à venir le mettre à ses pieds. On dit que l'enfant, prosterné sous la bénédiction de son Dieu, avait un air d'innocence et de sainteté si touchante, que tout le monde, surpris, ne pouvait s'empêcher de reconnaître qu'il était un fruit formé pour le ciel, et, ajoute le pieux auteur[1] au-

[1] Salvatore Pascale, *Compendio storico della vita di S. Stanislao*, 16ᵉ édition, page 3.

quel nous empruntons ce détail, le paradis fut attendri en le voyant, et le considéra dès lors comme un de ses anges.

Radzanowski pria quelque temps avec ferveur, et offrit l'enfant à la divine Majesté, la suppliant de le recevoir comme un don qu'on était heureux de lui faire. Dieu accepta l'offrande, et regarda Stanislas comme à lui désormais, se proposant de montrer de quelle manière il sait aimer ceux qu'on lui donne. Le noble seigneur ayant achevé sa prière, releva l'enfant, le rendit à la famille, et on retourna au château pour célébrer par des fêtes magnifiques une si heureuse naissance.

CHAPITRE III

Avec quels soins pieux saint Stanislas fut élevé, et comment il eut le bonheur de se donner à Dieu, dès qu'il put faire usage de sa raison.

Quand toutes ces réjouissances furent terminées, le père et la mère du petit Stanislas pensèrent sérieusement à élever avec le plus grand soin leur fils chéri. Ils savaient bien que ce n'était pas un enfant ordinaire : le Ciel l'avait très spécialement recommandé à leur amour par un miracle avant sa naissance, et ils sentaient qu'une grande responsabilité pesait sur eux.

Aucune histoire ne parle de ce qu'ils firent pour répondre à l'honneur que Dieu leur accordait en leur donnant à élever un de ses anges ; mais quand on sait combien leur foi était profonde et vive, on supplée facilement à tout ce qui a été passé sous silence.

On peut donc croire qu'ils entourèrent le berceau du nouveau baptisé du plus respectueux amour, et que des prières et des larmes de reconnaissance furent répandues sur lui avec profusion. Il est aussi croyable que, quand la langue de l'enfant commença à se délier, ils mirent un pieux empressement à lui apprendre à dire les noms de Jésus et de Marie, ces noms sacrés qui sanctifient toute parole humaine et qui en sont les douces prémices. On raconte que, la première fois qu'on lui fit entendre ces noms divins, lui, aussitôt, les prononça de lui-même et sans efforts, comme si déjà il les eût connus, et qu'un ange, en secret, eût pris soin de les lui apprendre.

Mais, quelque diligence que missent ses parents à ouvrir de bonne heure son cœur à l'amour de Dieu, le Saint-Esprit, qui semblait se complaire à prévenir tous leurs soins, les avait déjà devancés. Il s'était réservé de faire lui-même l'éducation de cette âme privilégiée. C'est lui, nous disent tous les historiens [1], qui fut son maître immédiat, et qui l'introduisit dans la connaissance des choses de Dieu, de sorte que son père et sa mère n'eurent pas besoin de se donner beaucoup de peine pour lui inspirer le goût de la piété.

Au moment où, dans un enfant, la raison s'éveille et le cœur commence à aimer, il est rare que Dieu soit le premier objet de sa pensée et de son amour. Le péché originel a mis tant de nuages entre notre Créateur et nous, qu'il est presque impossible qu'en ouvrant pour la première fois ses yeux aux choses intellectuelles, on aperçoive Dieu dans cette clarté et dans cette beauté qui ravit l'âme et l'attache irrévocablement à son saint service. Les parents chrétiens, qui n'ignorent pas

---

[1] « Ma quanto si e alla pietà, non gli fu bisogno haverne proprio maestro, altro che lo Spirito Santo, che internamente l'addotrinava. Père Bart., page 8. Un autre Père de la Compagnie. 1727, etc...

Et le père Longaro : « Lo Spirito Santo fattosi per ispecial privilegio suo immediato maestro, presolo quasi per mano l'introdusse assai di buon ora nel conoscimento delle divine grandezze, etc. » Page 65.

quelle place ce grand Dieu doit tenir dans le cœur de leurs enfants, font bien tout ce qu'ils peuvent pour s'effacer et se mettre derrière lui ; ils ont recours à mille industries pour faire comprendre à ces enfants qu'ils ont dans le ciel un Père qu'ils doivent plus aimer que leur père et que leur mère de la terre. Eux savent s'il ne faut pas se donner beaucoup de peine pour arriver à fixer ainsi la pensée et le cœur de ces tendres enfants sur Dieu, et s'il ne faut pas dépenser des trésors d'amour et de sainte patience pour arriver à un résultat si beau.

Quand Marguerite Kristka voulut communiquer cette science sacrée à son enfant, Stanislas la possédait déjà. Le Saint-Esprit, qui ne voulait pas que les prémices de cette belle intelligence et de ce cœur si pur fussent pour d'autres que pour Dieu, attendait avec une divine sollicitude [1] le moment

---

[1] Il ne faut pas s'étonner de ce mot, ni de cette chose. Si notre grand Dieu, dans les Écritures, n'avait pas employé des termes analogues à ceux-ci pour nous faire comprendre avec quel soin il daigne s'occuper de nos âmes, nous n'oserions pas croire à tant de bonté, parce qu'il nous

où la raison allait s'éveiller en lui. Quand il vit
que la connaissance venait à la petite âme, et que
le premier mouvement d'amour se formait en elle,
il daigna lui montrer son Dieu dans toute sa touchante bonté. Stanislas regarda, et aussitôt vit en
Dieu le repos de son intelligence et la douceur de
son cœur ; il se donna à lui, et ce fut à jamais.
Beaucoup d'autres faveurs lui furent accordées ;
mais il faut regarder celle-ci comme la source de
toutes les autres. Son âme se développa dans le
sens de cette grâce, et toutes les lumières qu'il
reçut dans le cours de sa vie n'en furent que le
complément.

De jour en jour cet angélique enfant va nous
paraître touché plus profondément de son origine
céleste ; le sentiment de sa noblesse et de sa grandeur va le saisir davantage ; on va voir que vraiment il lui est impossible de se naturaliser sur

semblerait qu'en agissant de la sorte, il descendrait de sa
grandeur. Mais celui qui connaît l'économie de notre sainte
religion, et l'a spécialement étudiée dans le Traité de la
grâce, est accoutumé à ces abaissements pleins de charité
de la Majesté divine qui font toucher du doigt que si Dieu
est infiniment grand, il est aussi infiniment bon.

une terre qui n'est pas sa patrie, où il est dépaysé ; il va lui être surtout de plus en plus impossible de s'occuper des choses d'ici-bas, qu'il trouvera infiniment trop au-dessous de lui pour qu'il les juge seulement dignes d'un regard ; il va enfin se tenir dans une dignité sublime, déclarant à ceux qui lui diront de s'abaisser vers la terre : « Je ne suis pas né pour ces choses ; ainsi, qu'on ne m'en parle jamais. Je ne suis né que pour les choses du ciel ; je ne veux m'occuper que de ce qui regarde le ciel. »

Cette précieuse grâce que Dieu lui fit de le connaître et de l'aimer aussitôt qu'il eut l'usage de la raison, nous a fourni l'occasion de donner, dès maintenant, le caractère et le genre de la sainteté de Stanislas. Nous espérons que cette lumière placée au commencement de sa vie éclairera ce que nous avons à dire de lui, et fera mieux apprécier chacune de ses actions, en montrant la pensée qui l'inspira constamment. Pour lui, il conserva toujours le souvenir de cette faveur, et nous verrons avec quelle émotion il en parlait encore dans les derniers jours de sa vie.

Stanislas, à cette époque, pouvait avoir quatre ans. Ses parents pensèrent à lui donner un gouverneur pour lui apprendre à lire, et lui enseigner ensuite les premiers principes de la langue latine. Ils cherchèrent parmi les jeunes gens les plus nobles celui qui leur semblerait le plus capable de bien guider un enfant sur lequel ils fondaient de si belles espérances. Jean Bilinski leur parut réunir toutes les qualités qu'ils désiraient. Ce jeune homme, qui avait de grands talents, obtint plus tard le grade de docteur, et devint chanoine de l'église de Plock. Ils le choisirent donc pour remplir auprès de leur fils l'office de précepteur et de gouverneur [1]. Stanislas se montra plein de douceur et de docilité à l'égard du maître que ses parents lui avaient donné. Il fit tout ses efforts pour le contenter et reconnaître ainsi ses soins par une application admirable. Jamais élève, nous

[1] Tous les auteurs lui donnent ces deux titres, mettant entre l'un et l'autre une différence, en ce sens non seulement que Bilinski eut pour office de lui apprendre les belles-lettres, ce qui appartient au maître ou précepteur, mais encore qu'il fut chargé de faire son éducation, ce qu. est le rôle du gouverneur.

dit un pieux auteur [1], n'écouta avec une attention plus respectueuse les leçons de son maître. Ses progrès furent bientôt tels que, eu égard à son âge encore tendre, on n'aurait pas pu en désirer de plus grands.

[1] Salvatore Pascale, p. 5.

CHAPITRE IV

Comme le saint jeune homme n'accorda jamais
la plus petite place dans son cœur à aucun vain
objet de ce monde, on comprendra facilement avec
quelle plénitude la divine Majesté dut se communiquer à lui. Dès ses tendres années, le Seigneur
sembla se complaire à le consoler et à l'éclairer
surtout sur les choses célestes que son âge ne lui
aurait pas permis de comprendre tout seul. Ainsi,
on ne doit donc pas être surpris de voir que ce
qu'il y a de plus saillant dans son enfance, ce

sont ses rapports avec le Ciel. Seulement, nous avons à regretter ici que cette vie surnaturelle, toute cachée en Dieu, ne soit connue que des anges. Eux seuls, sans doute, pourraient la raconter avec fidélité. Voilà pourquoi nulle part on ne trouve écrits en détail les mille traits charmants de sa piété si naïve et si céleste, où devait assurément se peindre tout ce qu'il y avait de plus frais et de plus pur dans les émotions de son cœur d'enfant : délicieuses et ravissantes choses que Dieu réservait pour ses yeux.

Tout ce qu'on pouvait conclure par ce qui apparassait à l'extérieur, c'est que, d'une manière infiniment suave, le Seigneur, à chaque instant, l'attirait près de lui. A peine put-il se tenir debout[1] et faire seul quelques pas, que déjà il s'échappait souvent des bras de sa mère pour aller trouver son Dieu. Il éprouvait une douce satisfaction de se voir à genoux devant lui. Comme sa langue n'était pas assez déliée pour lui dire combien il l'aimait dans les termes qu'il aurait

[1] Salvatore Pascale, page 4.

voulu, il suppléait à cette touchante impuissance par un air de visage et par des regards qui respiraient le plus tendre amour. Au lieu de jouer avec ses petits compagnons, il était toujours là, auprès de son Dieu ; et, à mesure qu'il grandissait, l'attrait qu'il avait pour la prière devenait plus fort.

C'est surtout quand il eut atteint l'âge de cinq ou six ans qu'on le vit, avec plus d'assiduité encore, s'entretenir avec le Ciel. Il allait souvent alors se cacher dans le coin obscur de quelque chambre abandonnée, se mettait à genoux, joignait ses petites mains, et, un moment après, fondait en larmes. C'était Dieu qui le faisait ainsi pleurer ; il pleurait de bonheur ; c'était le trop-plein de sa félicité qui s'échappait en pleurs ; et sa figure blanchissait et devenait radieuse.

Les domestiques qui allaient et venaient dans la maison, le trouvaient ainsi ravi en Dieu, et quelquefois élevé de plusieurs pieds au-dessus de la terre. Les premières fois qu'ils l'avaient ainsi surpris dans ces merveilleuses extases, l'étonnement les avait saisis, surtout quand, ayant imaginé de faire du bruit autour de lui, pour le tirer de sa contemplation céleste, ils s'étaient aperçus qu'il avait perdu tout sentiment, et que ses yeux, ouverts à d'éternelles beautés, ne voyaient rien de ce qui se passait près de lui[1]. Touchés jusqu'au fond de l'âme, ils étaient restés stupéfaits auprès de leur jeune maître transformé en ange dans sa sublime oraison. Mais ils avaient fini par s'accoutumer à ces prodiges, dont ils étaient à chaque instant les témoins ; et quand ils le rencontraient ainsi baigné dans ses larmes, ils passaient bien émus, en gardant un religieux silence, et ne cherchaient plus à interrompre son commerce avec le Ciel.

Stanislas, ainsi accoutumé avec Dieu dès ses plus jeunes années, ne pouvait se passer un instant de lui. Il s'était fait un besoin indispensable de sa présence : on les aurait dit tous deux inséparables. En fait, le saint enfant n'avait pas de temps ni de lieu fixé pour s'entretenir avec son

[1] « Gli avveniva di rimanere astratto da sentir, ne accorgesi di niuna cosa esteriore, ne sentire di se medesimo. » Le Père Bartoli, page 23.

Dieu. En tout temps et en tout lieu, il trouvait le Seigneur prêt à l'attirer à lui et à lui faire goûter la douceur de sa manne céleste. On peut donc dire avec vérité qu'à la réserve des courts instants qu'il donnait au sommeil, il ne pensait jamais à autre chose qu'à lui.

Quand donc il fallait qu'il le quittât pour quelque temps, rien ne le consolait de n'être plus avec lui, que la lecture d'un livre pieux, où son cœur le retrouvant bien vite, puisait un nouvel aliment à son amour. Toute conversation avec la créature était sans attrait pour cet enfant ; à moins que, connaissant ses goûts tout célestes, celui qui lui parlait ne voulût l'entretenir des choses éternelles [1]. Alors volontiers il se mêlait au discours ; les plus pieuses paroles se pressaient sur ses lèvres, et, avec une grâce d'ange, il charmait longtemps celui qui avait eu la bonne fortune de l'amener sur ce délicieux sujet.

Il est une chose qui achève de donner à la piété

[1] « Altro piacere non gustava che intervenire alla chiesa, legger libri divoti, sentirsi ragionare di cose sante. » Le Père Longaro.

de Stanislas enfant les plus doux charmes et qui la rend attrayante au suprême degré : c'est l'indicible tendresse avec laquelle il chérissait la Reine des anges. La grâce du baptême a mis dans notre cœur, à l'égard de la sainte Vierge, un sentiment surnaturel plus pur et plus doux encore que ce qu'on nomme sur la terre piété filiale. Et c'est cette grâce précieuse, conservée dans toute son intégrité par le bienheureux enfant, qui lui faisait aimer l'auguste Marie avec un amour dont la candeur et la ravissante beauté est demeurée historique, et a formé un des plus aimables souvenirs qu'on ait conservés de lui.

Il n'eut donc pas plutôt compris que la sainte Vierge était sa mère, qu'il sentit naître dans son cœur un amour d'enfant pour elle. Durant tout le cours de sa vie, il ne l'appela jamais que de ce doux nom de mère. En entendant parler d'elle, ou en voyant quelque chose qui rappelait son souvenir [1], il éprouvait toujours une joie telle, que

[1] « Al presentargli una qualche immagine di Maria, e al sentirsi ricordare esser quella la madre del suo divino Salvatore, se la poneva sopra del petto, e : Lo so, lo so, res-

sa figure rayonnait aussitôt et devenait doucement enflammée. Aussi se faisait-on un plaisir de lui présenter quelquefois son image, parce qu'on était assuré de le voir à l'instant fondre en tendresse et en douceur. Il la regardait quelque temps ; et cette image, qui disait une mère à son cœur, le remplissait soudain d'une mélancolie céleste : tristesse sublime, comme même ici-bas on en éprouve quand on est loin de sa mère et qu'on n'a, pour se consoler de son absence, qu'une pauvre image où ses traits sont peints ; il la regardait encore, pensant aux cieux où elle habite ; l'émotion devenait plus forte et, bientôt pleurant, il la couvrait de baisers.

Avec un tel amour au fond de son cœur, on peut bien juger si Marie était longtemps absente de sa pensée, et si la plus douce de ses joies n'était pas celle de l'invoquer et de lui ouvrir son âme dans les plus intimes confidences.

pondeva, e questa altrosi, la da essere la carissima madre mia ; ne sapeva distaccarsene senza che prima stampati avesse in quella piu tenerissimi baci. » Le Père Longaro, p. 4.

CHAPITRE V

Comment saint Stanislas enfant tombait en défaillance
quand il entendait dire quelque chose contre l'angélique
vertu de pureté.

On sait que la piété envers la sainte Vierge produit une fleur céleste, connue sur la terre sous le
nom de pureté. Comme nous venons de montrer
avec quel amour Stanislas aimait Marie, cette divine Mère de Jésus, qu'il appelait avec une infinie
douceur sa chère mère, c'est ici le lieu de faire
respirer au lecteur le suave parfum d'innocence
qu'exhale son âme tout angélique.

Ceux qui ont l'expérience des âmes ont non
seulement remarqué que la piété envers la sainte

Vierge enfante la pureté, mais encore ils ont constaté que plus la dévotion de quelqu'un envers Marie est ardente et vraie, plus son innocence a d'éclat et de fraîcheur. Il est admirable de voir comme cela se vérifie en notre aimable saint, de qui, certes, on peut bien dire que si son amour pour la Mère de Dieu eut un caractère de douce tendresse, de naïve simplicité, de candide abandon, qu'on ne trouve peut-être dans aucun autre saint, sa pureté a aussi un cachet de délicatesse, de susceptibilité sublime, de fraîcheur ravissante, que bien peu de saints ont possédé. Le fait que nous allons raconter en est une belle preuve[1].

Le château de Kostkow était ouvert à toute la noblesse du voisinage. On y venait en foule, à cause de l'estime qu'on avait pour la famille de Kostka,

---

[1] Ce fait extraordinaire, qui est peut-être unique dans l'histoire, est raconté par Bilinski, qui en fut maintes fois témoin ; un sénateur et castellan du royaume l'entendit de la bouche d'un prédicateur fort grave, qui disait le tenir de témoins oculaires. On trouve leurs dépositions dans le *Procès de Cravovie*, p. 180 et 192. Nous citerons ici les propres paroles de Paul Kostka, relatées dans le plus ancien des procès qui se firent dans la même ville de Craco-

et aussi parce que la charge de sénateur et de castellan qu'exerçait le père de Stanislas, l'obligeait à avoir des relations avec un très grand nombre de seigneurs. Presque tous les jours, Jean Kostka recevait à sa table des castellans et des généraux. Il y avait quelquefois, au milieu de cette noble assemblée, des convives à qui le métier des armes avait fait un peu oublier le profond respect que tout homme doit à l'honnêteté et aux bonnes mœurs; et à ceux-là, de temps en temps, il échappait des propos qui blessaient la modestie chrétienne.

Stanislas, à table avec eux, se mettait alors à rougir; le trouble s'emparait de lui, puis on voyait bientôt ses yeux se mouiller de larmes et s'élever au ciel avec une expression touchante qui enlevait; et peu à peu il devenait pâle, sa tête s'incli-

vie, p. 89. : « Cum mensæ paternæ coram assideremus, et aliquid, pro more seculari, liberius ab aliquo hospitum proponeretur, fraterculus meus carissimus Stanislaus, obversis in cœlum ocellis, extra se factus, quasi exanimis sub mensam delabebatur, non sine periculo læsionis, nisi ab assidentibus, raptus subito, a casu prohibitus fuisset. Notum id erat omnibus domesticis, et omnibus erat admirationi. »

nait sur sa poitrine, son corps s'affaissait, et, si promptement on ne le soutenait pas, il tombait à la renverse, dépourvu de sentiment.

La première fois que cette défaillance angélique le prit, on ne pensa pas à en attribuer la cause à l'extrême délicatesse de son âme innocente, que ces discours blessaient comme d'un coup mortel. Mais ce mal céleste avait tellement l'habitude de le prendre toutes les fois qu'en pareille circonstance une parole déshonnête frappait ses oreilles, que le père finit par voir que son enfant recevait une atteinte cruelle de ces sortes de discours.

Comme il l'aimait d'une extrême tendresse, et que très souvent son cœur avait été bouleversé en voyant avec quelle expression de douleur le pauvre petit élevait ses yeux vers le ciel, il prit la résolution de faire tout ce qu'il pourrait pour épargner à l'angélique innocence de cet enfant un pareil martyre. Quand donc il voyait la conversation s'engager sur quelque sujet suspect, il tâchait adroitement de la faire cesser ; et si néanmoins on continuait, il disait en riant: « Il faut parler d'autres choses, car nous allons voir les yeux de notre petit

Stanislas s'élever vers le ciel, et son corps rouler par terre[1]. »

Cette sorte d'identification de saint Stanislas avec la pureté, qui faisait que cette divine vertu ne pouvait être blessée sans que l'angélique enfant n'en ressentît aussitôt le contre-coup, est pour tout le monde un grand objet d'admiration, et en même temps une invitation pressante à la jeunesse de mettre sous la protection du doux saint son innocence si difficile à conserver.

Nous ferons ici une observation qui donnera une idée juste du caractère admirable de la pureté de saint Stanislas. Sa pureté a cela de beau, que la tentation même la plus légère n'osa jamais la ternir de son souffle, ni en troubler l'inaltérable paix. Il ne faut donc pas croire que les discours dont nous avons parlé aient jamais atteint son âme innocente, en portant dans son imagination des impressions pénibles. Il se trouvait mal par je ne sais

[1] « Pregando di mutar materia al discorso ; altrimenti (diceva come per giuoco) il mio Stanislao levara gli occhi in cielo, e dara del capo in terra. » *Vie de saint Stanislas*, par un Père de la Compagnie de Jésus, éditée en 1727.

quel céleste instinct qui lui disait que sa chère vertu était en péril au milieu de pareilles conversations ; et, comme il estimait plus son innocence que sa vie, il se sentait mourir, quand il prévoyait qu'elle pouvait lui être ravie.

Au reste, il pensa de bonne heure à donner en garde à la sainte Vierge son innocence ; il la remit avec confiance entre ses mains maternelles, comme un dépôt qui contenait toutes les richesses et toute la vie de son âme. La sainte Vierge, qui ne croit pas faire à une âme un plus grand bien que de lui accorder cette divine pureté, est tout zèle et tout amour pour la conserver à celui qui, l'ayant reçue d'elle, la lui rapporte, effrayé de tous les dangers que court, entre ses mains fragiles, un pareil trésor. Elle consentit donc, avec cette bonté exquise qui ne se trouve que dans son cœur, à être la dépositaire de la vertu de son enfant, et à la protéger de toute sa puissance contre les ennemis sans nombre qui lui dressent des embûches sur cette terre de péché.

CHAPITRE VI

Comment saint Stanislas, par son caractère plein de douceur, faisait la joie de ses parents, et de sa beauté toute
céleste.

Rien n'était beau à voir comme cet enfant occupé à plaire à son Dieu en toutes choses et à
faire en même temps la joie de ses parents. Tout
ceux qui l'ont connu s'accordent à dire qu'il était
doué du plus délicieux caractère qu'on puisse
imaginer. Il avait une grande candeur d'âme, une
simplicité parfaite, une modestie angélique, une
inclination très prononcée pour la piété ; tellement
que, pour parler le langage de la sainte Écriture,
il semblait être né avec la crainte de Dieu. Il

n'apparaissait rien en lui de l'enfance, si ce n'est l'âge. Et pour ce qui se révélait au dehors de ce fonds de qualités admirables, vous lui trouviez, disent les historiens, en toute circonstance, une suavité vraiment ravissante. Il se pliait avec une gaieté aimable à tout ce qu'on exigeait de lui, quelque difficile que ce fût, et quelque chose qu'on pût lui dire, il ne laissait paraître sur son visage aucune trace d'impatience ou seulement d'émotion. Ses manières étaient ingénues, en même temps que fort distinguées. Sous un air pieusement réservé, il cachait beaucoup de vivacité et de grâce. Il n'avait rien de léger.

Ses paroles étaient pleines de sens et de sagesse, et montraient qu'il possédait une grande maturité de jugement. Mais cet enfant avait le secret de mêler à toute cette gravité une simplicité naïve et une amabilité qui enchantait. On le trouvait toujours si affectueux, si oublieux de lui-même pour faire plaisir aux autres, que sa sagesse, qui était bien au-dessus de son âge, ne faisait que relever tant de précieuses qualités. D'ailleurs il ne lui répugnait pas de paraître enjoué et doucement gai.

C'est avec ce caractère si charmant que Stanislas faisait les délices de ses parents et de tous ceux qui approchaient de lui. Il suffisait, au reste, de le voir pour éprouver au fond de son âme une consolation très sensible.

Nous trouvons, dans les dépositions de ceux qui l'ont connu à cet âge, qu'il avait une beauté céleste. Son teint était d'un blanc très pur ; sur ses joues, cette blancheur était tempérée par une douce rougeur. Sa taille tenait le milieu entre la grande et la petite. Il avait le visage rond et les cheveux noirs. Ses yeux, limpides et transparents, avaient une expression angélique, et étaient toujours humides de pleurs [1]. Au reste, cette physionomie si gracieuse et si tendre avait une ineffable douceur. Je ne sais quel air de fête et de joie

---

[1] Dans l'*Histoire de la Compagnie de Jésus*, par Sacchini, page 3, liv. IV, on lit ces mots au sujet de l'extérieur de saint Stanislas :

« Hoc veluti decorum domicilium, aptum habitatori animo cœlestis faber fabricaverat : L'architecte céleste semblait s'être proposé, en fabriquant son corps, de le rendre la digne demeure de l'âme qui l'habitait. »

y brillait. On devinait que dans son âme il devait y avoir un indicible bonheur et la paix du Ciel.

Une pareille suavité répandue dans tous ses traits ne doit pas surprendre, dit le Père Bartoli : le saint enfant était toujours avec Dieu. Or une âme qui s'attache ainsi à son Dieu, qui se plonge et s'absorbe tout entière dans sa connaissance et dans son amour, doit puiser au sein de l'infinie beauté qu'elle contemple des délices telles, qu'il est impossible que quelque chose de ce bonheur n'apparaisse pas à l'extérieur.

Mais à cet air de contentement divin se joignait un charme particulier, plus beau encore et plus attirant. On était donc vivement frappé, disent toujours ceux qui vécurent avec lui, de trouver dans ce visage d'enfant quelque chose de pur et d'angélique, comme on n'en doit voir qu'au ciel. C'était au point que la vénération saisissait involontairement à sa vue, et qu'on éprouvait la même impression que quand on porte ses yeux sur un objet de piété. Vraiment, ajoutent ces témoins, c'était bien l'âme de cet enfant si pieux et si pur qui exhalait par son visage un si suave parfum d'innocence ; et toutes ces grâces surhumaines qu'on voyait dans ses traits venaient bien moins de son corps que de sa vertu, qui perçait à travers sa physionomie et l'ornait d'une divine beauté [1].

Et ici on ne peut s'empêcher de remarquer avec un attendrissement profond une propriété merveilleuse de l'angélique vertu. Il est donc véritable que cette fleur de pureté, ayant rempli le dedans, répand ensuite inévitablement sur l'extérieur une grâce merveilleuse, et que cette vertu incomparable a la propriété d'agir sur le visage. Ce n'est pas assez pour elle d'embaumer l'âme en qui elle réside d'ineffables jouissances, et de faire de tous ses jours des jours de fête, il faut encore qu'elle transfigure les traits mortels, et qu'elle porte quelquefois leur beauté jusqu'à la beauté des anges ; de sorte que l'âme qui chercherait à cacher en elle son trésor n'y pourrait parvenir, la

---

[1] « Parea, dicono tutti che il conobbero e vissero con lui, che l'anima gli spirasse dal volto aliti di purità, e che la sua fosse, eziandio nel corpo bella di spirito, che gli tralucesse visibile nella faccia. » Bartoli, page 11.

pureté étant une de ces admirables choses surnaturelles que la boue de notre corps ne dérobe
qu'à demi aux yeux des hommes, et qui se trahit
toujours au dehors par son éclat, par je ne sais
quelle limpidité du regard, par je ne sais quelle
fleur de beauté surhumaine dont elle décore un
visage, par je ne sais quoi d'heureux qui vient du
Ciel, inspire le respect et porte dans l'âme une
émotion toute divine.

Les parents de Stanislas jouissaient donc du
plus agréable spectacle, en ayant sous les yeux,
chaque jour, un si admirable enfant. A tous ces
signes, il leur avait été facile de deviner qu'ils éle-
vaient un saint. Ils comprenaient d'ailleurs sans
peine que, dans leur tendresse pour ce fils chéri,
ils étaient surpassés par Dieu, et que, du haut du
ciel, le Seigneur lui prodiguait un amour bien autrement grand que le leur. A cause de cela, ils ne
le regardaient qu'avec un pieux respect, le considérant comme étant plus à Dieu qu'à eux. Il leur
arrivait souvent de dire: « Notre petit enfant est
un ange ; quand il sera grand ce sera un saint. »
En vérité, l'expression était heureuse, et leur cœur

avait bien rencontré ; car quelque beau et quelque glorieux que soit ce nom d'ange, il lui convenait parfaitement. Celui qui aurait vu son visage, son maintien, sa démarche, ses gestes et tout son extérieur, n'aurait pas pu le prendre pour autre chose ; et, à vrai dire, si quelque esprit céleste eût été mis par Dieu dans un corps mortel, pour habiter quelque temps sur cette terre, on ne conçoit pas qu'il eût pu avoir d'autres habitudes, d'autres pensées, d'autres occupations.

Au reste, nous croyons devoir le dire tout de suite, c'est l'impression que durant toute sa vie il produira sur ceux qui le verront pour la première fois. Au collège, spontanément tous les élèves le prendront pour un ange ; à Dilinghem, au noviciat, on n'aura que ce nom à lui donner, et quand Rome apprendra sa mort, on dira encore : « L'ange s'est envolé dans les cieux. »

CHAPITRE VII

Comment saint Stanislas fut envoyé à Vienne pour terminer ses études, et de la grande édification qu'il donna dans le collège.

Le sénateur Kostka se trouvait le plus heureux des pères avec un tel enfant. Toutefois, en le voyant plus aimable de jour en jour, il ne pouvait penser sans douleur au moment où il faudrait se séparer de lui, pour l'envoyer dans quel que université célèbre terminer ses études si heureusement commencées. Tant qu'il l'avait pu, il avait éloigné cette pensée de son cœur.

Mais Stanislas entrait dans sa quatorzième année. Son frère Paul, qui avait deux ans de plus que lui, attendait depuis quelque temps déjà le complément de ses études. Le sénateur avait jugé à propos de le retenir auprès de lui jusqu'à ce moment, afin de le faire partir avec Stanislas; son désir était de voir les deux frères ensemble dans le même collège. Comprenant qu'il fallait enfin s'occuper sérieusement de l'avenir de ces jeunes gens, il se demanda à lui-même où l'on pourrait les envoyer perfectionner l'éducation qui leur avait été donnée au sein de la famille.

Depuis quelques années seulement, Ferdinand, empereur d'Autriche, avait fondé un collège à Vienne. Il en avait confié la direction aux Pères de la Compagnie de Jésus. Ces admirables religieux, qui ont reçu du Ciel une vocation spéciale pour l'éducation de la jeunesse, ne tardèrent pas à mettre ce collège dans l'état le plus florissant [1].

---

[1] Ces Pères, en quatre années seulement, avaient déjà fait un bien considérable. Les jeunes gens élevés par eux, revenant au milieu de leurs familles, étaient pour elles un objet d'admiration, à cause des vertus dont ils étaient ornés. Plusieurs de ceux qui appartenaient à des parents hérétiques retournèrent dans leur pays avec la vraie foi. Il est impossible de dire tout ce qu'on fit à ces derniers

On y accourait en foule de Hongrie, de Bohême, d'Allemagne et de toutes les parties de l'Italie. Jean Kostka voyait chaque jour autour de lui les familles les plus considérables envoyer là leurs enfants pour recueillir, avec la science, les divins enseignements de la religion. Il en parla à sa digne compagne, qui sentait bien que la séparation était devenue nécessaire, mais qui ne pouvait y accoutumer sa pensée. Il lui fit cependant comprendre que, puisqu'il ne leur était pas possible d'avoir toujours Stanislas et Paul auprès d'eux, ce devait leur être une consolation de les voir aller dans un endroit où la fleur de la noblesse

pour les décider à renoncer à la religion catholique, qu'ils avaient embrassée au collège. On n'épargna ni prières, ni ordres, ni menaces, et souvent même on en vint aux coups. La constance de ces nobles jeunes gens fut vraiment héroïque. Plusieurs aimèrent mieux quitter leurs familles, renoncer à l'héritage auquel ils avaient droit, et aller mendier, plutôt que d'abandonner la foi de l'Église romaine. D'autres furent plus heureux ; ils eurent la consolation de ramener leurs parents au catholicisme et au salut éternel, autant par la sainteté de leur vie que par les paroles pleines de douceur dont ils se servirent pour les éclairer, et leur montrer l'erreur où ils avaient eu le malheur de tomber.

de tous les pays était réunie, et où, on en pouvait être assuré, la piété et la vertu leur seraient enseignées au même degré que la science, par les préceptes et les exemples de ceux qui avaient été appelés à diriger cette illustre maison.

On tomba facilement d'accord qu'on ne pourrait pas faire un meilleur choix; on arrêta que Jean Bilinski accompagnerait les enfants et serait leur gouverneur. On désigna trois domestiques de confiance pour les servir[1], et on fixa le jour du départ. Il est si doux de suivre les saints jusque dans les plus petits détails de leur vie, qu'ici encore on regrette que rien ne nous ait été conservé sur les adieux de la famille au moment de la séparation.

---

[1] Deux domestiques et un valet de chambre. L'un de ces domestiques, nommé Pacifici, devint, dans la suite, sous-diacre de Saint-Moïse-de-Vinegia. Quant au valet de chambre, il ne tarda pas à abandonner le siècle pour se donner tout à Dieu, dans l'ordre des Mineurs observantins de saint François. Il mourut en odeur de sainteté. C'est lui qui, étant déjà avancé en âge, disait de son jeune maître : » Le seigneur Stanislas Kostka n'avait pas la vertu d'un saint ordinaire ; les choses prodigieuses dont sa vie fut remplie lui donnent une place au milieu des plus grands saints. »

Nous ignorerons toujours avec quelle émotion le saint enfant salua les lieux où il avait passé ses premières années, les fonts du baptême où il avait été baigné dans la sang de l'Agneau ; cet autel où il fit sa première communion ; cette maison paternelle, enfin, où à lui, tout petit, Dieu avait prodigué tant de caresses, et s'était montré plus son père que celui qui lui avait donné le jour. Nous ignorerons également avec quelle tendresse filiale il embrassa pour la dernière fois son père et sa mère, et nous ne saurons pas davantage si alors Dieu lui fit comprendre qu'il ne les verrait plus. Quoi qu'il en soit, on peut croire que Stanislas ne partit point de sa chère Pologne sans emporter dans son cœur les plus doux souvenirs. L'âme des saints a un fonds d'ineffable sensibilité, en même temps qu'elle est forte et héroïque dans l'amour qu'elle a pour Dieu ; et ainsi elle n'est pas étrangère à tous ces sentiments sacrés et pieux qui font battre le cœur de l'homme sur la terre.

Les deux frères partirent de Kostkow dans le courant de l'année 1564. Arrivés à Vienne, ils eurent hâte de se présenter au collège et furent accueillis par les Pères avec une bienveillance qui ouvrit tout de suite leur cœur et les combla de la plus grande joie. Avec ce regard profond qu'ont les saints, le jeune Stanislas vit aussitôt entre quelles mains Dieu le mettait, à quels hommes vénérables il daignait le confier, et son âme reconnaissante s'épancha en actions de grâces aux pieds de la divine Majesté.

Une fois admis, sa première pensée fut de pourvoir aux besoins de son âme en choisissant un confesseur qui pût l'aider à avancer dans la perfection. Avec toute l'ardeur de sa piété, il conjura le Seigneur de lui en donner un de sa main. Quand il eut trouvé l'homme de Dieu qu'il cherchait, il lui ouvrit avec candeur sa conscience, afin de le mettre à même de le guider plus sûrement. Il s'appliqua ensuite à régler l'emploi de son temps. Comme aucun des vains amusements de la terre ne souriait à son cœur d'ange, on conçoit qu'il eut bientôt trouvé à quoi il pourrait consacrer ses loisirs. Il divisa sa vie en deux parts : l'une pour Dieu, l'autre pour l'étude, et commença tout de suite à travailler à l'acquisition de toutes les vertus.

Dès qu'il apparut dans le collège, tout le monde fut frappé en le voyant. Sous le voile de la plus aimable simplicité, on lui trouva je ne sais quoi d'imposant et de singulièrement doux, qui éveilla aussitôt dans tous les esprits l'idée d'un ange. Quand on l'aperçut surtout aux pieds du saint Sacrement, fondant en larmes et éblouissant tous les yeux par l'éclat de sa figure resplendissante et radieuse, on fut encore plus étonné. Une pieuse curiosité attira bientôt autour de lui tous ces jeunes gens qui n'avaient jamais été témoins de pareilles choses. Le trouvant, dit le Père Longaro[1], dans une douce et continuelle extase, ils pouvaient, à loisir, avoir la jouissance de ce beau spectacle, et, bientôt convaincus plus que jamais par ces signes que cet enfant appartenait bien plus au ciel qu'à la terre, ils avaient fini par dire : « Véritablement, dans notre séminaire, nous n'avons pas un homme en la personne de Stanislas, mais un ange sous une forme humaine. »

[1] « Non e una esagerazione il dire che si trovasse in una dolce estasi. » Père Longaro, 9.

Il était ordinaire de voir, durant les saints offices, à certains moments, tous les yeux des élèves se porter du côté de notre admirable enfant. Cela arrivait lorsqu'on chantait quelques-uns de ces cantiques qui font penser au ciel et à l'exil de la terre. On était habitué de le voir alors entrer dans quelques ravissements ; ce qui ne manquait jamais d'arriver. La douce mélodie du *Salve Regina* produisait infailliblement cet effet. C'était, on l'aurait dit, le chant de son âme par excellence ; et les gémissements d'exilés qui s'y font entendre, les ardents désirs de voir Jésus-Christ, au ciel, qui éclatent dans cette suave prière, tout allait si bien à son cœur et en rendait si fidèlement les mélancoliques transports, qu'émotionné jusque dans le fond de son être, il perdait le sentiment, et entrait dans d'admirables extases.

Souvent[1], lorsqu'il était auprès de son Dieu, il lui arrivait de s'oublier, et il passait un temps si considérable à genoux, que ses forces finissaient

[1] Dans la *Vie de saint Stanislas*, par le Père Warsceviski.

par s'épuiser ; il ne s'en apercevait pas, tout plongé dans sa contemplation ; son corps s'affaissait peu à peu, et tombait ensuite par terre. Cette chute rappelait Stanislas à lui-même, et le faisait soupirer de se voir toujours interrompu dans son amour par cette masse pesante qui le retenait enchaîné à la terre, quand il parlait à son Père des cieux.

Avec toute cette sainteté on le trouvait simple et bon ; mêlé à ses condisciples après avoir été au milieu des anges, il avait un laisser-aller digne et plein de douceur, et des manières si aimables qu'on aurait voulu être toujours avec lui. En classe on le retrouvait avec sa modestie et son aménité ordinaires. Il y avait un goût exquis et une beauté particulière dans ses compositions. Tout ce qui sortait de sa plume était surtout empreint d'un parfum de piété qui ravissait. Lui seul paraissait ignorer le mérite de son travail, et c'est ce qui lui attirait l'affection de tous.

Il y avait dans le collège une association sous la protection de l'auguste Vierge Marie : sainte Barbe en était la patronne secondaire. Stanislas

eut bientôt le désir d'entrer dans cette confrérie.
Sa piété pour la Reine du ciel l'y portait; et puis
il se sentait animé d'une dévotion spéciale envers
sainte Barbe. Sans savoir tout ce que cette
illustre vierge lui réservait, le saint jeune homme
éprouvait depuis son arrivé à Vienne, un attrait
particulier qui l'inclinait à se consacrer à son
service et à l'honorer de son mieux. Il sollicita
donc la faveur d'être admis dans cette pieuse congrégation. On devine facilement avec quelle joie
tous les jeunes gens qui en faisaient partie accueil-
lirent sa demande et le virent au milieu d'eux.

Stanislas s'employa dès lors avec un admirable
zèle à faire goûter Dieu et son saint-amour à tous
ceux qui étaient autour de lui. Et, à vrai dire, il
éprouvait un indicible bonheur à parler de celui
qui faisait les délices de son âme; toutes les conversations qu'il avait avec ses condisciples rou-
aient donc sur ce grand et aimable sujet. Il les
entrenenait aussi quelquefois sur l'importance
d'assurer son salut éternel, ou bien encore sur la
beauté d'une âme en état de grâce, et il était ravissant quand il touchait cette cuestion. Il aimait

encore à leur faire comprendre tout ce qu'il y a de
délices, pour un cœur innocent, à se donner à
Dieu de bonne heure et à lui consacrer les prémices, et pour ainsi dire les premières fleurs de
son amour. Déjà, à ce qu'on raconte, il avait le
don de rendre si touchantes ces choses assurément
belles en elles-mêmes, et il en parlait toujours
avec tant d'onction, qu'il mettait dans l'admiration
tous ceux qui l'entendaient, et qu'il n'y avait pas
une âme, quelque insensible qu'elle fût à l'égard
de Dieu, qui ne trouvât une extrême douceur dans
ces entretiens.

On savait qu'il redoublait de suavité, et que sa
parole prenait quelque chose de surhumain,
quand il parlait de la divine Vierge Marie. Vraiment lorsqu'il s'agissait d'elle, le pauvre enfant
ne pouvait plus se contenir; on voyait toute sa
tendresse s'émouvoir et toute la piété de son cœur
se répandre autour de lui comme un parfum du
ciel; enfin, au dire de tous ceux auxquels il fut
donné de l'entendre, c'était quelque chose d'angélique.

La maison tout entière fut bientôt renouvelé

par la présence du saint que le Seigneur lui avait envoyé. Ces jeunes gens, pour lesquels Dieu n'était pas tout comme pour Stanislas, et qui ne donnaient peut-être pas à leur âme immortelle tous les soins dont elle est digne, comprirent en voyant l'admirable enfant, qu'il est beau de servir le Seigneur, que la piété a de doux charmes, et qu'il y a de la grandeur à se livrer ainsi à la pratique de la vertu. On vit donc de jour en jour la ferveur s'accroître et fleurir avec tant d'éclat, que cette maison offrit bientôt aux yeux des anges le plus agréable spectacle.

CHAPITRE VIII

De la grande affliction de saint Stanislas, quand il se vit
obligé de quitter le collège et d'aller habiter dans la maison d'un hérétique.

Dieu ne laissa pas Stanislas jouir longtemps de
ce bonheur. Le 25 juillet de la même année où le
saint jeune homme était entré au collège des Pères,
Ferdinand vint à mourir. On sait combien ce pieux
empereur estimait les religieux de la Compagnie
de Jésus. Son fils Maximilien, qui lui succéda, était
loin d'avoir les mêmes sentiments à leur égard. Il
résolut de faire tous ses efforts pour leur enlever
l'influence qu'ils avaient acquise. En choisissant
ces vénérables Pères pour gouverner le collège,

Ferdinand ne leur avait pas donné les bâtiments où habitaient les élèves, il n'avait fait que leur en concéder l'usage. Le jeune empereur s'appuya là-dessus et déclara qu'il voulait que cette maison lui fût rendue.

Du même coup dont il frappait les Jésuites, il atteignait la nombreuse noblesse qui était venue de tous les pays se grouper autour de ces saints religieux. On vit alors beaucoup de ces jeunes gens retourner dans leur patrie; d'autres prirent la résolution de demeurer à Vienne, où ils s'étaient procuré des habitations, pour y continuer leurs études. Le chagrin du jeune Stanislas fut bien grand. Pour lui, ce collège était comme le ciel sur la terre. Il ne se servait jamais que de ces expressions quand il parlait de la félicité qu'il goûtait dans cette maison. Il ne put donc retenir ses larmes quand il se vit obligé de la quitter; car là, il trouvait tout ce qu'il pouvait désirer pour son âme; à chaque instant les exemples des plus héroïques vertus lui étaient donnés par les Pères. Et puis, quoique toujours auprès de Dieu et au milieu des anges, il s'était pourtant toujours mis en

rapport avec les jeunes gens les plus pieux. Il avait
tant de fois parlé avec eux des choses célestes, il
s'était assis si souvent auprès d'eux à la sainte
table, qu'il éprouvait une véritable peine à la pensée qu'il fallait se séparer de condisciples si édi-
fiants. Quiconque connaît les émotions de cette
vie de famille qu'on mène dans les maisons d'é-
ducation chrétienne, comprendra facilement tout
ce que l'âme innocente de Stanislas dut éprouver
de regrets[1] en voyant s'évanouir sitôt pour lui la
douceur de cette amitié sainte, qu'on ne rouve
plus avec les mêmes charmes quand on avance
dans la vie.

Mais si, du côté de Stanislas, il y avait tant de
tristesse, parce qu'il perdait beaucoup, il y en
avait encore plus du côté de ses amis. Le jeune
saint, avec son amabilité d'ange, avec sa piété si
charmante envers le bon Dieu, avec son cœur aimant de cette ravissante manière dont aiment les
saints, avait captivé tous les jeunes gens qui de-

---

[1] « Perde Stanislao in questa dipartenza da suoi cari
compagni. » P. Bartoli, p. 17.

meuraient avec lui. A son insu, il avait produit sur eux une impression étonnante, et on l'aimait comme on aurait aimé un ange ; de sorte que, quand il fallut le quitter, ce fut pour tous des larmes. Chacun, en partant, emporta dans son cœur le souvenir de Stanislas. Et, en réalité, tout ce qui était apparu de céleste en lui avait trop frappé ces jeunes imaginations pour qu'il en fût autrement. Ses pieux discours sur la Vierge Marie, les larmes qu'il versait devant les saints autels, sa modestie à la classe, ses compositions, où respirait toujours la piété, son air plein de douceur, toutes ces choses qu'on n'avait jamais vues qu'en lui, restèrent gravées à jamais dans les âmes.

Cela parut surtout quand, bien des années après, pour instruire la cause de sa canonisation, on interrogea ceux qui l'avaient connu. Ils n'en parlaient tous que comme d'un ange revêtu d'un corps mortel[1]. Ce jeune homme avait laissé dans les esprits

---

[1] « Et tanto lor rimase impressa e durevole la memoria... che dovendo poscia a molti anni testificar di lui, ne parlano come si farebbe d'un angiolo in carne umana. » Bart., pag. 18.

une telle idée de sa sainteté, que Jean Tornon, l'un de ses amis de collège, devenu depuis archevêque de Gnesna, primat du royaume, sentant sa fin approcher, se fit apporter quelques objets qui lui avaient appartenu. Le pieux prélat ne croyait pas qu'il y eût rien de plus capable de le fortifier contre les horreurs de la mort que ces précieuses reliques. D'une voix plaintive, au milieu de son agonie, il appelait Stanislas avec la plus tendre confiance. Un autre condisciple de notre jeune saint, Bernard Macieiowski, promu à l'honneur du cardinalat, envoya de riches présents pour décorer son tombeau, et employa tout son crédit pour le faire inscrire au catalogue des bienheureux.

Enfin Antoine de Mier, qui étudia également avec lui à Vienne, et qui devint ensuite grand aumônier de l'impératrice Marie et prélat ordinaire de sa cour, raconte ainsi dans le *Procès romain*[1] l'impression que Stanislas avait produite à Vienne, et dont il n'avait jamais perdu le souvenir : « A peine Stanislas fut arrivé dans notre séminaire, qu'il de-

---

[1] P. 171.

vint aussitôt l'objet de ce respect et de cette vénération qu'on n'a que pour les saints. Quand il priait seul, ou quand il assistait avec les autres à l'office divin, sa modestie, sa dévotion, son amour pour Dieu lui donnaient beaucoup de ressemblance avec un ange du paradis, de sorte que mes yeux et ceux de mes compagnons étaient continuellement fixés sur lui ; nous étions dans le ravissement de voir le visage céleste de Stanislas, et nous demeurions saisis et émus ; une douce piété entrait insensiblement dans notre cœur. » Et il ajoute : « Nous avions honte de nous-mêmes, en voyant sa vertu, qui apparaissait non seulement quand il s'occupait des choses saintes, mais encore quand il était avec nous, conversant familièrement, ou remplissant les devoirs les plus simples de la vie commune. Aussi je puis le dire avec vérité, la vie de Stanislas fut pour moi comme pour tout le monde un miroir de la perfection la plus consommée. »

Paul Kostka délibéra quelque temps avec Bilinski, son gouverneur, pour savoir s'ils devaient, eux aussi, retourner dans leur patrie. Mais ils finirent par prendre la résolution de se fixer à Vienne. Ils se mirent alors en quête d'une habitation. Stanislas désirait vivement une maison simple et retirée, où l'on pourrait trouver la paix et le recueillement indispensables aux études sérieuses. Avec sa douceur ordinaire, il s'efforça de faire goûter cette pensée à son frère; mais Paul était d'un avis tout contraire; il aimait le luxe, la belle société, et voulait des appartements somptueux, qui lui feraient honneur et qu'il ouvrirait à ses amis pour leur donner des fêtes. Malheureusement Bilinski, qui aurait dû l'arrêter, l'encourageait dans ces vaines pensées; de sorte que le pauvre Stanislas voyait bien que son frère, sans tenir compte de ses goûts pieux, l'obligerait à entrer dans quelque maison mondaine, où tout contribuerait à le troubler dans sa vie céleste et consacrée à Dieu. Ce fut pour son âme si sainte une peine bien sensible qui fit couler ses larmes en abondance. Toutefois il prit avec douceur cette affliction, et attendit avec une touchante inquiétude ce que son frère allait choisir.

Dans un des quartiers les plus remuants de

Vienne, sur la place de Kiemark, un magnifique palais se faisait remarquer. Construit avec élégance, il s'élevait à une hauteur qui surpassait celle de toutes les maisons d'alentour. Des fenêtres on avait une très belle vue. Les bâtiments étaient trop vastes pour être tous occupés par le maître de cette maison, de sorte qu'une partie était à louer. Paul Kostka fut heureux de l'apprendre, et accourut aussitôt pour demander les appartements qui étaient vacants.

Cependant Stanislas avait eu connaissance que le propriétaire de la maison était un luthérien très attaché à sa secte impie. Ayant horreur d'habiter avec un ennemi de sa religion sainte, il vint, les larmes aux yeux, auprès de son frère, pour le détourner de prendre ce logement. Il lui représenta combien il était peu convenable pour eux de vivre avec un hérétique ; il lui dit que cela le blessait dans ce qu'il avait de plus cher au cœur ; et bientôt, employant les prières les plus pressantes, il le conjura de ne pas lui causer un pareil chagrin. Mais Paul n'avait pour son jeune frère aucune tendresse ; à peine daigna-t-il l'écouter jusqu'au bout; il se hâta de mettre un terme à ses supplications en le repoussant avec dureté. « Il faudra bien en prendre votre parti, lui dit-il, et habiter dans la maison qu'il me plaît de choisir. »

Stanislas fut au comble de la désolation. Jamais, dans sa vie, il n'avait versé de larmes aussi amères ; il alla pleurer devant Dieu et se consoler en sa présence. Son cœur finit par se rasséréner. Il se promit, puisqu'il était forcé de loger dans cette demeure, d'y vivre saintement, et de se dédommager par là de la peine que lui causait ce voisinage d'un hérétique. « Oh ! que je vais aimer Dieu maintenant ! » se disait-il avec émotion ; et cette résolution répandait dans ses larmes une douceur céleste. Il pensa donc à se livrer, plus qu'il ne l'avait jamais fait, à l'oraison ; il se proposa d'embrasser avec ardeur les saintes pratiques de la mortification chrétienne ; enfin il médita une vie tout angélique, et se disposa à la réaliser aussitôt qu'il serait entré dans cette maison.

On ne peut s'empêcher ici d'admirer le Seigneur et l'extrême douceur avec laquelle il porte ses saints à s'attacher à lui ; il place avec une infinie sagesse, en face d'eux, des obstacles qui ne font qu'enflammer leur amour et les poussent vers lui avec une invincible énergie. Quelques jours après, Paul avait pris possession de ses appartements. Avec lui étaient entrés son gouverneur Bilinski, son jeune frère et les domestiques qui les avaient accompagnés depuis leur départ de Kostkow. Deux jeunes nobles polonais, parents de la famille Kostka, se joignirent à eux, et la maison fut complètement habitée. Paul se trouvait heureux à la pensée que là, au moins, il pourrait mener un train de vie conforme à sa naissance et à ses goûts.

CHAPITRE IX

De la vie toute céleste que mène saint Stanislas dans la
maison de l'hérétique.

Stanislas, entré dans la maison de l'hérétique, se mit à exécuter les saintes résolutions qu'il avait prises et qui l'avaient tant consolé. On sait que, dès ses premières années, il avait toujours eu un goût prononcé pour les choses divines, et un ennui invincible pour tout ce qui tient à la terre. Le temps n'avait fait qu'enraciner dans son âme ces habitudes angéliques de ne se plaire qu'avec Dieu. La tristesse que venait de lui causer son frère n'eut d'autre résultat que celui de lui faire sentir avec plus de tendresse que jamais, le besoin que son cœur avait de Dieu. Ainsi quelque chose de plus étroit encore s'établit, dès lors, entre la divine majesté et le pauvre enfant, qui se jetait avec tant d'abandon entre ses bras, n'ayant plus que lui seul pour appui.

Il s'était toujours fait une loi de choisir ses amis parmi les jeunes gens les plus pieux, ne se liant qu'avec ceux dont il connaissait la candeur et la vie innocente. Plus soigneux que jamais sur ce point si important, il ne voulut admettre dans son intimité qu'un très petit nombre de ses condisciples. Il les voyait peu, et les entretiens qu'il avait avec eux ne roulaient que sur les choses du ciel. Quelquefois il arrivait involontairement à ses amis d'amener la conversation sur quelque autre sujet. Mais lui, dont les oreilles ne pouvaient s'accoutumer aux choses de la terre, les rappelait aussitôt à Dieu. Il faisait cela avec une grâce si exquise, qu'on avait du bonheur à se rendre à ses désirs.

Ainsi ceux qui l'approchaient sentaient leur âme ravie et trouvaient toujours un grand charme à s'entretenir avec lui. On se proposait, dans ces conversations saintes, de mieux aimer Dieu, de servir avec dévotion la sainte Vierge ; on se demandait comment on pourrait s'y prendre, et le temps s'écoulait avec Stanislas comme il doit s'écouler au ciel.

Le saint jeune homme accordait, on le voit, aux convenances de la vie en société ce qu'il croyait utile. Son amour pour Dieu, qui était sa lumière en tout, ne lui aurait jamais permis de les fouler aux pieds. Mais, quand il avait fait ce qui lui semblait suffisant, il se retirait, parce que son cœur l'appelait à la prière. Dans la maison du sénateur il avait à souhait tout ce qu'il désirait pour se livrer tranquillement à ce saint exercice. Elle était grande et contenait des chambres nombreuses où il allait se cacher avec les anges du ciel. Pour leur parler à son aise, sans crainte d'être surpris, il se retirait tantôt dans l'une, tantôt dans l'autre. C'étaient ses oratoires, ses ermitages, ses retraites. Là se reproduisaient les mêmes scènes qu'on a déjà vues au château de Kostkow, alors que Stanislas était tout enfant. Quand les domestiques avaient besoin d'aller dans ces chambres, ils l'y trouvaient ravi en extase, l'âme tout en Dieu, souvent élevé au-dessus de la terre [1], avec une figure si ardente, qu'il ressemblait à un ange du paradis. Lui, tout plongé dans ces célestes délices, ne les voyait pas ; car alors la divine bonté se communiquait à son âme d'une si sublime manière, elle le remplissait d'une connaissance si élevée des choses célestes, et lui en donnait un goût si suave, qu'il ne se sentait plus de bonheur et avait perdu toute pensée de la terre.

On le tirait de ces saints ravissements pour l'obliger à aller prendre ses repas avec son frère et son gouverneur. C'était le moment le plus pénible pour lui. Il lui en coûtait toujours de donner quelque chose à son corps ; et puis, il eût été si

[1] « Stanislaum, cum Viennæ ageret, alienatum a sensibus et in extasim raptum et a terra in aerem elevatum, sæpius visum fuisse. » *In Proces Præmisl*, art. 123, p. 406.

Et dans le témoignage solennel que rendirent à Prague, en 1603, Henry de Pisniez, Hertemberg et Scopark : « Stanislaum rerum divinarum contemplationi plurimum additum fuisse, et in ea sensibus abstrahi solutum et in extasim raptum, etiam ipso corpore a terra in aerem elevatum sæpius visum fuisse. »

heureux de répandre dans une conversation sainte son âme toute remplie des choses célestes. Mais Paul Kostka n'aimait pas les entretiens pieux ; sa légèreté ne lui faisait trouver de plaisir que dans les discours frivoles. Bilinski lui tenait tête, n'étant guère plus sage que lui ; de sorte que Stanislas souffrait beaucoup de se trouver à table avec des personnes dont les goûts étaient si différents des siens. Aussi il ne parlait presque pas, et avait l'esprit à toute autre chose qu'à ce qu'on disait. A peine était-on au milieu du repas, qu'il se levait de table et s'en allait. L'église des Pères Jésuites n'était pas éloignée de là. Il avait l'habitude de s'y réfugier alors pour prier. Après deux ou trois heures passées au jeu, *Paul et Bilinski l'envoyaient chercher par les domestiques. Ceux-ci le trouvaient dans l'église, le visage prosterné contre terre, les bras étendus en forme de croix et privé de l'usage de ses sens*[1]. Plus d'une fois, en le voyant dans cette posture, ils craignirent que quelque accident funeste ne lui fût arrivé.

[1] « Inter subsellia humi, in modum crucis prostratus. » *Premier procès de Cracovie*, p. 92.

Pour le faire revenir à lui, ils l'appelaient, le se-
couaient, le mettaient sur ses pieds, et employaient toutes sortes de moyens. Enfin l'enfant
ouvrait les yeux, et, comme s'il eût regretté de se
trouver encore sur la terre, lui qui venait de voir
le ciel, il se mettait à soupirer doucement et, souriant d'une manière angélique, il disait : « Ne
vous inquiétez pas, ne vous inquiétez pas, ce n'est
rien, je ne suis pas mal[1]. »

C'est par ces communications intimes que le
Seigneur le dédommageait de la peine qu'il avait
de ne pouvoir parler à table des choses célestes.
Ces ravissements ne lui arrivaient pas seulement dans cette circonstance et Dieu ne se
montra jamais avare de ses faveurs envers lui. En
fait, le pauvre enfant en éprouvait bien quelque
embarras ; car à peine avait-il mis le pied sur le
seuil de l'église, qu'il se sentait tout ému de Dieu à
la seule vue du tabernacle. Les larmes le gagnaient ;

---

[1] « Quasi exanimis, at erra sublevatus, brevi ad se rediens,
metu perculsos rei novitate, suaviter subridens, nihil est,
nihi est ingeminando solabatur. Hic modus secretus ora-
tionis et extasis, sæpius in co olatus est. » *Ibidem.*

il se hâtait d'aller se cacher derrière quelque pilier, dans un coin obscur, où, pensant n'être pas vu, il entrait en extase. Ce jeune homme si saint trouvait d'ineffables douceurs dans la divine Eucharistie, et il était impossible à son cœur de ne pas se fondre de tendresse en la présence de Jésus au saint Sacrement.

Qui pourra donc jamais dire la piété qu'il avait envers ce divin mystère? Chaque dimanche on le voyait s'asseoir à la table des anges ; quand il y avait quelques fêtes dans la semaine, il en profitait pour communier une fois de plus. Mais ce n'était jamais sans une préparation grandement édifiante. Il voulait jeûner la veille, et, dès le matin du our qui précédait la communion, toutes ses pensées étaient pour Notre-Seigneur anéanti dans l'adorable sacrement de l'Eucharistie. Sa dévotion durant le sacrifice de la messe attendrissait, surtout au moment où la divine victime descendait des cieux ; et comme une seule messe ne suffisait pas à sa piété, il en entendait deux, très souvent trois, et encore était-il obligé de se faire une grande violence pour quitter le saint autel.

Ses devoirs l'appelant ailleurs, il se décidait enfin à s'éloigner ; mais ce n'était pas pour bien long-temps. Avant d'aller en classe, on le trouvait devant la divine Eucharistie, dans une attitude angélique, attendant la bénédiction de son Sauveur. Bientôt il se levait, se rendait vite au collège tout joyeux. La classe terminée, il venait visiter son Dieu, ne pouvant vivre un instant loin de lui.

C'est ainsi que les jours presque tout entiers se passaient pour lui au sein des délices du ciel ; il répandait continuellement des larmes d'une ineffable douceur ; les joies divines l'absorbaient tellement tout entier, qu'elles ne lui laissaient aucun sentiment pour tout ce qu'il y avait au dehors. On s'explique par là bien facilement comment la terre, avec tout ce qu'elle a de plus beau, ne dit jamais rien à cette âme visiblement céleste.

Qua nd Stanislasnepriait pas, il faisait quelque lecture pieuse. Il aimait surtout à lire un ouvrage composé par Frédéric Nausea, évêque de Vienne, sur les principales fêtes de la très sainte Vierge. On lui voyait ce livre continuellement entre les mains. Dans quelque autre livre qu'il fît la lecture, il éprouvait une impatience pieuse de rencontrer quelques lignes sur la sainte Vierge, ou au moins son nom si doux. Quand, après avoir attendu trop longtemps au gré de ses désirs, il tombait enfin sur ce nom si cher à son amour, sa joie éclatait soudain ; il le baisait tout d'abord avec respect, puis il ôtait ses yeux de dessus le livre, les élevait au ciel tout baignés de larmes, comme pour y chercher sa mère qui lui manquait sur la terre ; un instant après des soupirs pleins de mélancolie s'échappaient de sa poitrine ; il se voyait ici-bas bien loin d'elle, dans un lieu d'exil, et n'était plus maître de l'émotion qui le saisissait à cette pensée.

Afin d'avoir, le plus souvent possible, sous ses yeux, ce nom qui semblait résumer pour son cœur la douceur du ciel et de la terre, et sans lequel tout lui était insipide et ennuyeux, il avait fini par l'écrire presque sur toutes les feuilles de ses livres. Au haut des pages et dans les marges des auteurs de classe on lisait cette invocation : *O Maria, sis mihi propitia*[1].

---

[1] « O. Marie, soyez-moi propice. » *Premier procès de Posen*, page 116.

A la prière et aux lectures de piété, Stanislas joignait l'étude. Les pensées toutes célestes dont son âme était remplie peuvent nous faire soupçonner quelque chose de l'exquise pureté des sentiments qui l'animaient en étudiant. Il cherchait une science qui tendît à la piété, et étudiait ainsi plutôt pour son cœur que pour son esprit. Il ne pensait à perfectionner son intelligence que pour la rendre plus capable de connaître Dieu et pour alimenter dans son cœur un amour de plus en plus grand envers lui. Si le Saint-Esprit n'était pas là pour expliquer des sentiments si élevés, on ne pourrait revenir de son étonnement, en voyant un tout jeune homme, qui n'avait pas encore fait sa rhétorique, entendre ainsi la science et la prendre dans le sens le plus vrai et le plus sublime qu'elle puisse avoir. Au reste, son éducation avait été bien soignée, et, dès sa plus tendre enfance, il avait appris toutes les choses qui peuvent orner et polir un esprit bien fait ; de sorte qu'il ne le cédait à personne pour les connaissances qui font le jeune homme distingué et brillant.

Entre toutes les choses qui étaient l'objet de ses

études, il y en avait une singulièrement chère à son cœur. Sa grande piété envers la sainte Vierge avait naturellement fait naître dans son âme le besoin de connaître à fond les grandeurs et les prérogatives de l'auguste Reine des anges. Il mettait donc ses délices à chercher dans les ouvrages qui parlent d'elle tout ce qui a été dit de plus beau et de plus grand à sa louange; il transcrivait sur des cahiers destinés à cet usage les passages qui le frappaient le plus. Souvent, au milieu de la douceur ineffable de cette étude, découvrant tout à coup quelque nouvelle grandeur dans cet immense océan de perfections dont il plut à Dieu d'orner la sainte Vierge, il entrait dans des ravissements, à la pensée, trop suave pour lui, qu'il avait une telle mère.

Toutefois, Stanislas ne se livrait à ces études pieuses, à ces lectures et à ces longues prières, que quand il avait terminé le travail que ses maîtres lui avaient donné. Sa dévotion était trop éclairée pour lui faire négliger les devoirs de son état. Seulement, nous disent tous les historiens, son extrême facilité lui laissait un temps libre très considérable, et le dispensait d'étudier beaucoup les matières de sa classe. Il paraît qu'il arrivait en un instant à donner à ses compositions un fini et une beauté qu'aucun de ses condisciples ne pouvait atteindre. Entré au collège moins avancé qu'eux tous, il les avait surpassés en très peu de temps[1]. Et, pour arriver à ce résultat, il lui avait suffi de consacrer à l'étude seulement quelques moments chaque jour, selon que l'a déclaré, sous la foi du serment, un de ses serviteurs, Laurent Pacifici.

On a toujours attribué cette facilité, qui tient du prodige, à sa piété envers la sainte Vierge. Pour se former au style et à l'éloquence, il n'avait jamais pris d'autres sujets que ses grandeurs[2]. Son imagination, son cœur, son esprit, toutes ses fa-

[1] « Condiscipulos non assequebatur modo, sed etiam vincebat, a quibus paulo ante superabatur. » Wolph Pysinger, Vienne, 1er sept. 1567.

[2] « Il che verisimimente fu un dono a Stanislao impetrato dalla divina signora, sua carissima madre Maria, in premio del non aver lui mai voluto nel suo comporre altro argumento che quello a lui dolcissimo delle ineffabili sue grandezze. » Le Père Longaro, page 14.

cultés s'étaient développées en s'exerçant à la connaître et à l'aimer. On croit que la sainte Vierge, sensible à tant d'amour, lui accorda en récompense le don de réussir dans les sciences, sans avoir besoin de passer beaucoup de temps à les étudier.

Cette aimable tradition, qui montre la sainte Vierge facilitant le travail à Stanislas, son enfant bien-aimé, afin qu'il pût jouir à loisir de la conversation divine, a toujours été accueillie avec le plus pieux respect. Les vrais chrétiens, dans tous les temps, on senti une inclination de cœur fort douce à croire l'auguste Marie assez bonne pour se laisser attendrir par l'amour que lui portent ses enfants, et pour avoir à leur égard tout ce qu'il y a de plus exquis en fait de délicatesse et de prévenances.

CHAPITRE X

Combien saint Stanislas était mortifié dans la maison
de l'hérétique.

Stanislas, dès ses plus jeunes années, avait soumis à des pratiques austères et à un régime rigoureux son corps tendre et délicat. Par mille petites industries, toutes très pieuses et très touchantes, il avait su se faire souffrir, en restant, par exemple, à genoux un assez long temps les bras étendus en croix, en jeûnant fréquemment, sous prétexte de maladie. Cela lui arrivait particulièrement la veille des fêtes de la sainte Vierge. Sous la conduite des Pères, tandis qu'il habitait avec eux, il faisait usage des cilices et des disciplines. Mais son entrée dans la maison du luthérien lui fit redoubler ses austérités.

Il aurait dès lors voulu ne vivre qu'au pain et à l'eau ; mais son frère et son gouverneur l'obligeant à se mettre à table avec eux, il lui fallait nécessairement se conformer à leur nourriture. Toutefois il savait bien s'arranger de façon à ne presque rien prendre, tout en faisant semblant de manger. Il était ingénieux pour recourir à mille petits manèges, afin qu'on ne pût s'apercevoir de ses privations. Enfin il quittait toujours la table au milieu du repas ; de sorte qu'il ne goûtait jamais les desserts, ni les choses qu'on mange ordinairement pour le plaisir.

Stanislas avait l'habitude de jeûner la veille des jours où il recevait la sainte communion. Son gouverneur se plaignait souvent de ces jeûnes trop multipliés ; il avait même fini par les lui interdire. Mais le saint enfant préférait la santé de son âme à celle de son corps. Alors, le soir, quand on lui disait de se mettre à table, il le faisait, mais ne mangeait rien, donnant pour motif qu'il n'avait pas faim ou qu'il était indisposé. Il réussissait ainsi à se dispenser de prendre part au repas.

Mais le saint jeune homme n'avait pas seulement ce genre de pénitence. Sous ses habits, il portait presque toujours contre sa peau un cruel cilice. Trouvant sans doute que cela ne faisait pas encore assez de mal à sa chair innocente, il se frappait rudement et longtemps avec la discipline. Ces flagellations avaient lieu surtout la nuit. Il avait vaincu généreusement le besoin de sommeil qu'on éprouve à son âge, et invariablement il se levait à minuit. Tout le monde dormait autour de lui; c'était son heure. Il se mettait à genoux, et, selon l'habitude qu'il en avait dès ses plus tendres années, il étendait ses bras en forme de croix et demeurait dans cette posture si pénible le plus longtemps qu'il pouvait ; puis la fatigue l'obligeait enfin à les croiser sur sa poitrine. Au bout de quelque temps, ses forces l'abandonnaient; et, tandis que son âme était dans la compagnie des esprits célestes, son corps presque sans vie restait étendu par terre. Cette oraison sublime durait plusieurs heures. Quand il se relevait, c'est alors

qu'il prenait la discipline ; il s'en déchirait la chair,
et le sang coulait partout ; ses vêtements en étaient
tout tachés.

C'est ainsi que le pauvre enfant gêné, pendant
le jour, dans ses mortifications, par son gouverneur, se dédommageait pendant la nuit. Il n'avait
alors que Dieu pour témoin, et il savait que lui
au moins ne l'empêcherait pas de se livrer à la
pénitence.

Toutefois, dans sa candide simplicité, il ne prenait pas toujours les précautions qu'il aurait fallu
pour n'être point découvert dans ses pieuses
veilles. Il ne pensait pas à ce sang qu'il faisait
jaillir de tous les côtés sous les coups de sa discipline, ni à ces torrents de larmes qu'il répandait
à terre. Et, le matin, les domestiques découvraient
tout. On se hâtait d'en informer Bilinski. Celui-ci
connaissait trop peu les voies de Dieu et les inspirations qu'il donne à ses serviteurs, pour comprendre ces terribles austérités. Il se mettait en
colère et faisait continuellement des remontrances
à Stanislas. Il lui répétait à chaque instant que
c'était pécher contre Dieu que d'agir ainsi, qu'il

avait un tempérament très frêle, et qu'il allait se faire mourir. « S'il est défendu, lui disait-il, de s'arracher la vie par le fer ou par quelque autre moyen que ce soit, il ne l'est pas moins de se l'enlever par des pénitences inconsidérées. C'est dans votre intérêt que je vous parle, Stanislas; je le fais aussi pour moi, qui suis responsable de vous devant votre père. Vous savez qu'il vous a confié à mes soins. S'il vous arrive quelque chose, je pourrai lui dire que les avertissements ne vous ont pas manqué, et que votre seule désobéissance vous a perdu. Allons, décidez-vous donc à prendre un genre de vie un peu plus conforme à celui de tout le monde, ne fuyez pas la société comme vous le faites. Ce sont des mœurs d'un autre âge ; laissez tout cela, et vivez comme les jeunes seigneurs qui sont avec vous. »

Son frère Paul lui tenait aussi le même langage, mais tous ces discours ne pouvaient faire changer Stanislas de conduite et l'obliger de modérer l'austérité de sa vie. Il continuait donc et laissait dire. Cependant, pour avoir la paix, il résolut d'être plus circonspect quand il se donnait la discipline.

Il prit des précautions pour que le sang qu'il faisait jaillir apparût moins, et s'efforça de dérober de son mieux à tous les regards les saintes traces de ses veilles.

Mais il arrivait toujours quelque chose qui trahissait sa piété. Son frère, ainsi que ses deux cousins, dormaient dans la même chambre que lui. L'appartement était assez grand pour contenir les lits de ces trois jeunes gens. « Or, raconte l'un d'eux, une nuit, je l'épiais dans son oraison. Je le vis, après plusieurs heures d'extase, se lever et gagner son lit. Il approcha une lumière de son oreiller, et se mit à faire une lecture pieuse Je fus surpris bientôt par le sommeil, et Stanislas lui-même ne tarda pas à s'endormir. Le feu prit à l'oreiller, et le lit devint bientôt la proie des flammes. Réveillé par la fumée et la clarté que le feu répandait dans la chambre, j'aperçus Stanislas au milieu de cet embrasement, et je le crus mort. Je l'appelai de toutes mes forces pour m'assurer de l'affreux accident, quand je le vis avec surprise se lever sur son lit, le visage tranquille et doux, et sortir du sein des flammes qui dévoraient tout autour de lui, sans avoir perdu dans ce brasier un seul de ses cheveux[1]. »

[1] Le Père Pascal, *Vie de saint Stanislas,* p. 20.

CHAPITRE XI

Comment saint Stanislas était battu par son frère
et maltraité par son gouverneur.

Nous avons besoin que notre divine foi nous
éclaire ici pour que nous puissions comprendre
les persécutions dont Stanislas va être l'objet ;
car vraiment, dans ce saint jeune homme, il y
avait une vertu si pure et si héroïque, et à cette
aimable vertu était unie tant de douceur, qu'au
lieu de s'attendre à voir les méchants se réjouir
de faire couler ses larmes, on serait plutôt porté
à penser qu'un tel ange ne pouvait se concilier
que la vénération et l'amour.

« Mais, s'écrie Bossuet, pendant que vous vous ferez à vous-mêmes une sainte violence pour vous mortifier, ne croyez pas, ô enfants de Dieu, que ce bon père vous laisse en repos de son côté. Autrefois, durant la loi de Moïse, il promettait les fruits de la terre à ceux qui marchaient dans ses commandements. Il n'en est pas de la sorte sous celui qui a dit dans son Évangile que « son royaume « n'est pas de ce monde ». Au contraire, depuis qu'il s'est livré lui-même à la mort, et à la mort de la croix, comme une victime volontaire, il veut que nous croyions, malgré tous nos sens, que les souffrances sont une grâce et les persécutions une récompense. »

Stanislas avait un frère qui était loin de lui ressembler. Agé de vingt ans et tout rempli déjà de l'esprit du monde, Paul Kostka pensait peu à Dieu et à son âme. Il faisait grand cas des parures élégantes, aimait à se parfumer et prodiguait à son corps les soins les plus exquis, désirant par-dessus tout plaire et briller dans le grand monde qu'il fréquentait assidûment. Bilinski, son gouverneur, l'encourageait dans ces goûts de vanité, et ne respirait, comme lui, que les plaisirs et les douceurs d'une vie commode et sans contrainte. Enfin ils marchaient ensemble dans cette voie large que le monde trouve délicieuse, parce qu'on y respire un certain air de liberté, et qu'on y peut tout à son aise dépenser ses loisirs en visites, en divertissements et en amusements de toutes sortes. On comprend qu'avec des pensées si peu chrétiennes, ils ne pouvaient goûter la vie de Stanislas. Cette attention à Dieu, ces oraisons si longues, cette pratique courageuse de la vertu, cette simplicité de tenue, ces mœurs si pures, toutes ces choses les gênaient.

Pourtant Stanislas ne faisait rien qui pût leur donner le moindre chagrin. Plein de délicatesse et de réserve, il se gardait bien de leur adresser le plus petit reproche. Dans tous ses rapports avec eux, il s'appliquait à mettre une suavité, une gaieté franche et très aimable. Il pouvait faire cela d'autant mieux qu'il avait reçu du Ciel, ainsi que nous l'avons vu, un caractère plein d'aménité et capable de gagner tous les cœurs.

Mais, quand même il l'aurait voulu, il n'aurait

pas pu empêcher sa vie de parler à l'âme de son
frère et de son gouverneur. L'un et l'autre se sentaient condamnés par sa piété ; tous deux rougis-
gissaient en secret d'eux-mêmes, en pensant aux
admirables exemples qu'ils recevaient à chaque
instant de lui. N'étant pas assez généreux pour
les suivre, ils n'en pouvaient supporter la vue, et
il n'avait pas fallu beaucoup de temps pour qu'au
fond de leur cœur rebelle à la grâce il se formât
une implacable inimitié contre Stanislas. Ainsi
tout ce qu'ils découvraient chaque jour de sa vertu
ne faisait que les aigrir davantage.

Avec son caractère hautain, Paul n'était pas de
nature à se retenir, et à chaque instant il injuriait
son frère, lui reprochant ses abstinences , ses
veilles, ses oraisons, se habitudes humbles et sévères. Il lui faisait un crime de ce qu'il allait si
souvent à l'église, surtout de ce qu'il fréquentait
les Pères de la Compagnie de Jésus. Il lui disait
de se vêtir d'une façon plus convenable à son rang,
de se mêler davantage aux conversations, de ne
pas fuir la société comme un sauvage.

Bilinski était sans doute plus modéré ; sa position de gouverneur l'y obligeait naturellement. Mais il n'épargnait pas cependant, à Stanislas, les remontrances, et lui témoignait souvent avec amertume son mécontentement. « Une pareille conduite, lui disait-il, c'est de l'incivilité, de la sauvagerie ; ma qualité de précepteur me fait un devoir de vous corriger de vos singularités. Est-ce qu'il est impossible à présent d'être gentilhomme et chrétien ? Est-ce qu'on ne peut pas se conduire pieusement avec Dieu, et garder en même temps les convenances dues au monde ? Pourquoi fuir ainsi la société des jeunes gens distingués de votre pays ? Donnez votre cœur à Dieu, personne ne s'y oppose ; Dieu ne demande pas davantage, et donnez-vous au monde pour l'extérieur. » Il lui disait une autre fois : « Vous ne voyez donc pas tout ce qu'il y a d'orgueil et d'absurdité dans votre entêtement ? Quoi ! vous voulez plaire à Dieu en déplaisant à votre père. Est-ce que votre père ne vous a pas envoyé ici pour que vous prissiez de bonnes manières ? Son dessein est que vous vous formiez aux usages du monde, et que vous vous conduisiez en tout comme un jeune seigneur bien élevé et parfaitement instruit des convenances, et non pas que vous viviez d'une manière sauvage comme vous le faites. En vérité, Stanislas, je suis effrayé de vous voir tenir une pareille conduite. Si vous continuez à vous laisser aller à votre caractère morose; bientôt on ne pourra plus rien faire de vous. »

Parmi les amis de Paul, il n'y en avait pas un seul qui n'eût été frappé de la vie sainte de son jeune frère. Ne l'apercevant jamais au milieu d'eux dans leurs jeux et leurs divertissements, ces jeunes gens avaient demandé où il était. Apprenant que Stanislas passait son temps à prier, ils s'étaient mis à critiquer sa dévotion, se montrant blessés de le voir se refuser à prendre part à leur vie légère et frivole. Ils en parlaient continuellement à Paul et à Bilinski, et ces entretiens ne servaient qu'à les animer et qu'à envenimer leur haine contre Stanislas. Les choses en étaient venues à ce point que le pauvre enfant ne paraissait jamais devant son frère et son gouverneur sans avoir à essuyer de leur part quelque injure. Redoublant de jour en jour leurs moqueries et leurs invecti-

ves, ils le traitaient d'exalté, de dévot, d'incivil,
de mal élevé. Ils l'appelaient aussi très souvent
jésuite, pensant lui dire une grosse injure ; mais,
entre toutes celles que leur bouche vomissait contre lui, il n'y en a pas une qui fît plus de plaisir
à son cœur pieux que celle-là. C'était de pareils
propos qu'il lui fallait entendre à chaque instant.

Paul ne se contentait pas de le poursuivre de ses
mépris et de ses injures. Pas un jour ne se passait
sans qu'il en vînt à des violences extrêmes. Dans
sa colère, il renversait par terre Stanislas, le frappait à coups de pieds et le laissait sur le carreau ;
en se retirant, il lui disait: « J'ai honte d'être ton
frère ; je te renonce, misérable, qui me fais rougir. »

Le lendemain, pareille scène recommençait ; il
le souffletait ; le pauvre enfant, étourdi, tombait
par terre. Paul prenait un bâton et le frappait
avec cruauté. Ainsi couché, nous dit un pieux auteur [1], et foulé par les pieds de son frère, les anges
le voyaient, du haut du ciel, doux comme un ten-

---

[1] Le Père Longaro.

dre agneau qu'on égorge, recueilli en lui-même, les bras croisés sur sa poitrine, le cœur en Dieu, sans jeter le plus petit cri, sans pousser le moin-- dre gémissement ; il invoquait seulement tout bas le nom de Jésus et de Marie, et s'offrait à souffrir encore davantage pour l'amour de son Seigneur ; et c'était pour les anges un beau spectacle.

Cependant les cris furieux que Paul poussait en battant l'innocente victime faisaient quelque- fois venir Bilinski. Le gouverneur, saisi de com- passion, arrachait le pauvre enfant des mains de son frère ; mais c'était pour recommencer le cha- pitre des reproches et des outrages ; il terminait presque toujours ainsi : « Voilà les châtiments que s'attirent les entêtés et les désobéissants. Tout cela vient de votre faute. Si vous aviez des ma- nières plus libres, si vous meniez une vie moins sauvage, si vous étiez plus condescendant aux dé- sirs de Paul, si vous viviez enfin comme doit vi- vre un seigneur de votre qualité, vous seriez aimé bien vu, chéri de votre frère. »

Stanislas, ainsi tourmenté pendant le jour, n'é- tait pas, la nuit, à l'abri de la persécution. On se rappelle que son frère et ses cousins avaient leurs lits dans la même chambre que lui. Une petite lumière restait toujours allumée durant la nuit. Quand il croyait tout le monde endormi, Stanislas se levait donc pour prier. Il se prosternait, selon son habitude, la face contre terre, et demeurait longtemps en oraison, puis se recouchait, afin qu'on ne s'aperçût de rien, et pour paraître se lever comme les autres, quand le matin était venu. Les jeunes gens qui étaient couchés dans la chambre avaient fini par voir qu'il quittait son lit pour se livrer à la prière, et qu'il demeurait ainsi prosterné plusieurs heures sur le carreau.

Cette chose était bien de nature à toucher leur cœur, et sans doute que chacun en particulier n'avait pu se défendre d'un certain attendrissement. Mais, ayant parlé de cela ensemble, ils s'étaient mis à tourner en dérision ces saintes veilles et à en rire comme de folles extravagances, et s'étaient concertés pour aller le troubler dans ses contemplations. Afin de ne pas l'empêcher de quitter son lit à son heure accoutumée, ils faisaient semblant de dormir et l'épiaient avec soin. Quand ils le voyaient prosterné, l'un d'eux se levait; feignant de ne pas l'apercevoir, il se dirigeait de son côté, et allait à dessein le heurter et s'embarrasser contre son corps. Il montait sur lui, comme on l'aurait fait sur quelque objet qui se serait trouvé par terre dans l'obscurité ; il le foulait et le poussait avec ses pieds, comme pour chercher à deviner ce que cela pouvait être. Et l'admirable enfant ne donnait pas le moindre signe d'impatience; il ne se remuait pas plus que s'il eût été mort. Ce n'est pas qu'il fût insensible à ces outrages, qu'il n'en comprît point la malice, ni qu'il n'eût pas le sentiment du mal qu'on lui faisait; mais le doux jeune homme, dit avec son onction ordinaire le Père Longaro, aimait mieux se taire, afin de ressembler davantage à son divin Sauveur. Au reste, il n'y perdait pas de se montrer si patient, car son héroïque mansuétude trouvait quelqu'un dans le ciel qui la voyait et en était touché ; et Dieu savait bien adoucir, quand il avait Stanislas près de lui, dans les saintes communications de la prière, tout ce que ces traitements pouvaient avoir de dur et d'affreux.

CHAPITRE XII

Dé la patience inaltérable avec laquelle saint Stanislas supportait les cruelles persécutions de son frère et de son gouverneur.

Stanislas n'eut pas à essuyer seulement durant quelques mois les mauvais traitements de son frère et de son gouverneur. Ce cruel martyre se prolongea pour lui depuis le mois de mars 1565 jusqu'à la fin d'août 1567, époque où il s'enfuit de Vienne. La pauvre victime n'eut pas un instant de relâche durant ces deux années, toujours poursuivie, toujours menacée avec une fureur implacable, sans repos pendant la nuit, tantôt battue outrageusement, tantôt laissée par terre presque sans vie, continuellement injuriée et honnie; on ne lui laissait pas le temps de respirer. Et, malgré tout cela, le jeune homme, doux comme un ange, ne s'aigrissait point; il ne se lassait point, mais se livrait à la méchanceté de ses persécuteurs avec un calme inaltérable. On ne vit jamais l'air tout céleste de son visage l'abandonner un seul instant pour faire place à la tristesse. Celui qui l'aurait attentivement examiné au milieu de cet enfer aurait cru que la souffrance était passée chez lui en nature, tant il la supportait avec tranquillité. Quand son frère l'avait bien foulé sous ses pieds et que, sa colère assouvie, il le laissait sur le carreau, Stanislas se levait avec douceur, sans avoir dans l'âme le plus petit trouble, la moindre amertume; il était aussi paisible qu'au sortir de son oraison. Un instant après, s'il rencontrait Paul, il l'abordait avec un visage plein d'aménité, et lui parlait comme si rien n'avait eu lieu.

Au reste, il était toujours aux petits soins pour lui, cherchant avec empressement à prévenir ses moindres désirs. On le voyait s'abaisser, pour lui rendre service, jusqu'aux offices les plus vils. Il nettoyait ses souliers, brossait ses vêtements, balayait sa chambre, et ne recevait pour récompense de cette amitié toute fraternelle que des coups ou des paroles dures et outrageantes. Rien ne pouvait le rebuter; à chaque instant il recommençait à combler de bontés et de prévenances celui qui, à chaque instant, le repoussait avec une désolante insensibilité.

Cependant Stanislas ne se plaignait à personne. Il n'aurait pas su garder un moment le souvenir de la plus sanglante injure; il oubliait tout aussitôt. La pensée ne lui vint jamais de raconter ses peines à qui que ce fût; il en parlait à Dieu, pour l'en bénir, mais c'était tout. On regarde comme une preuve de son bon cœur qu'il se soit toujours abstenu d'en écrire un seul mot à son père et à sa mère. Certainement, si ceux-ci avaient connu de quelle manière leur fils était martyrisé, ils eussent été au désespoir et se fussent empressés de l'arracher à des mains aussi cruelles. Mais Stanislas, qui savait tout l'amour que ses parents lui portaient, ne leur avait jamais rien dit des choses qu'il souffrait. Tenant donc sous le plus grand secret ces odieuses méchancetés, il mettait une délicatesse extrême à ce que les personnes du dehors n'en découvrissent pas la moindre trace, même dans sa figure, à laquelle il s'efforçait de donner un air de gaieté touchante. Si même, dans l'accès aveugle de sa colère, son frère lui avait meurtri le visage, il allait jusqu'à éviter de laisser voir à ce frère dénaturé ces marques de sa cruauté ; il ne paraissait devant lui que quand la tumeur avait disparu.

Même douceur pour Bilinski, son gouverneur, et même discrétion. Avec la même simplicité, il lui obéissait et se montrait envers lui, comme envers son frère, d'une docilité, d'une bonté, d'une humilité sans exemple.

Ce qu'il y a d'étonnant ici, c'est moins l'invincible douceur de Stanislas que l'opiniâtreté avec laquelle ses persécuteurs le tourmentèrent. Ils connaissaient pourtant bien le caractère du saint jeune homme ; ils devaient voir qu'ils n'arriveraient jamais à le faire changer de conduite. C'était une âme qui n'avait que le ciel en vue, et qui regardait de trop haut les choses de la terre pour ne pas les mépriser souverainement. On est donc surpris de voir qu'ils ne comprenaient pas que Stanislas ne pouvait se faire aux joies de ce monde; que c'était plus fort que lui, et qu'ainsi, au lieu de perdre le temps à vouloir lui faire abdiquer la noblesse de ses sentiments, il eût été plus sage de le laisser enfin tranquillement servir son Dieu comme il l'entendait; d'autant plus que Stanislas ne leur cachait pas les raisons qu'il avait pour agir ainsi. Quand, après avoir reçu leurs injures et leurs coups, il les voyait un peu calmés, il leur demandait grâce, et les suppliait de considérer qu'il lui était impossible de s'occuper des choses de la terre; né de Dieu et pour le ciel, il ne pouvait donner ses soins qu'aux choses célestes et son amour qu'à Dieu seul, ajoutant qu'il était affligé de leur causer de la tristesse, mais qu'il ne pourrait jamais prendre sur lui de s'affectionner aux vanités d'ici-bas, quand il se savait destiné aux cieux. « Je ne suis pas né pour les choses de la terre, s'écriait-il, je suis né pour les choses du ciel; je veux m'occuper de celles-ci, et non de celles-là. » Ces paroles, qui devaient lui attirer-le respect de tous les hommes, le faisaient battre alors par son frère avec plus de cruauté.

Stanislas était donc véritablement contristé de causer à Paul de la peine. Dans le cœur des saints, il y a une grande tendresse, parce que l'amour de Dieu donne toujours une exquise sensibilité à l'âme; et ainsi tous les historiens nous disent que cet enfant si céleste, si indifférent, si dur pour lui-même, pleurait souvent sur son frère. Avec quelle joie il eût sacrifié ses goûts les plus chers pour lui être agréable ! Mais il s'agissait de Dieu et de son âme, et il ne pouvait, malgré son amour pour son frère, aller jusque-là. Le Seigneur entendit souvent les prières du saint jeune homme pour ce frère auquel le secret des choses divines n'avait pas été révélé; il eut souvent à le consoler et à essuyer de sa main les pleurs que lui faisait répandre le chagrin de voir Paul ainsi dans l'égarement.

Au reste, il n'y avait pas d'industrie que Stanislas n'employât pour arriver à faire plaisir à son frère et à Bilinski. Ainsi nous avons vu qu'il mettait au nombre de ses grandes joies celle de jeûner la veille des jours de communion, afin de pouvoir offrir quelque léger sacrifice à son Dieu, qui descendait du ciel pour venir à lui. Quand Bilinski n'agréait pas les motifs que sa piété ingénieuse savait toujours si bien trouver pour se dispenser de prendre le repas du soir, avec gaieté et sans témoigner la moindre peine de n'avoir pas réussi, cette fois, dans sa ruse sainte, il se mettait à table et mangeait.

Pour cette âme choisie, la vertu de pauvreté était naturellement une bien douce vertu : ses yeux d'ange n'avaient pas tardé à en découvrir la beauté ; ne pouvant en revêtir les saintes livrées, comme son attrait l'y eût porté, il trouvait au moins son bonheur à ne se servir que des habits les plus simples[1]. On lui adressait souvent des reproches à ce sujet, sans qu'il jugeât à propos de s'amender,

[1] Le continuateur du P. Ribadeineira, André Duval, assure même qu'il avait des vêtements au-dessous de la simplicité : « *Il était mal habillé*, dit-il, *et presque nu, et quelque froid qu'il fit (l'hiver est rude en ces quartiers-là), il ne portait jamais de gants.* »

à moins pourtant qu'il n'eût à faire quelques visites de bienséance, et si Bilinski lui commandait de prendre quelque chose de plus élégant, il obéissait alors de très bonne grâce.

Ne sortant jamais que pour se rendre à l'église ou pour aller voir les Pères de la Compagnie de Jésus, il désirait n'être pas accompagné de son domestique. C'était autant pour se priver de cette marque de distinction que pour cacher à son frère sa piété et ses rapports fréquents avec ces saints religieux. Mais, quand il était obligé d'aller ailleurs, et que Paul lui exprimait le désir de le voir suivi par un domestique, ainsi que cela convenait à un jeune seigneur de son rang, Stanislas ne faisait aucune difficulté. Il poussa même la condescendance jusqu'à consentir à prendre avec son frère des leçons de danse. Il est facile de s'imaginer combien, avec ses goûts angéliques, une pareille chose lui déplaisait ; mais Paul le lui avait demandé, et son bon cœur n'avait pas cru pouvoir se refuser à lui faire ce plaisir.

Avec une sagesse qui ne pouvait venir que du Ciel, Stanislas conciliait ainsi toutes choses. D'une mansuétude admirable, il ne savait que combler d'amitié ceux qui le tourmentaient, et s'appliquait à les rendre heureux le plus qu'il pouvait par la douceur de ses procédés. Il avait enfin comme pris à tâche de montrer tout ce que l'amour de Dieu et la piété sont capables de donner de tendre charité pour le prochain; à quelles complaisances pleines de délicatesse ce saint amour porte les âmes qu'il vivifie, et quelle grande amabilité il leur inspire.

CHAPITRE XIII

De l'admirable motif pour lequel saint Stanislas mortifiait
son corps avec tant de rigueur et se faisait battre si cruellement par son frère; puis de la manière magnifique
dont Dieu le récompensa.

Nous croyons qu'il est utile d'introduire ce chapitre, afin de montrer une chose qui n'a peut-être
pas été jusqu'ici assez mise en relief, et qui constitue pourtant un des grands traits caractéris-
tiques de notre saint. En se mortifiant, comme
nous l'avons vu, Stanislas obéissait sans doute à
cet attrait que Dieu n'a jamais manqué de donner
à tous ceux qu'il appelle à une grande sainteté;
et, d'un autre côté, si durant deux années entières
il préféra être la victime de la cruauté de son frère,

plutôt que de changer de genre de vie, cela tenait
à la nature de son âme angélique, qui ne voulait
et ne pouvait respirer que le Ciel, et qui était ré-
solue d'éviter à tout prix ce qui aurait pu l'empêcher de se livrer aux choses divines, et ce qui
aurait été capable, nous ne disons pas d'éteindre,
mais seulement d'attiédir l'ardeur de son esprit.
Toutefois il avait un motif, sinon plus sacré, au
moins plus touchant, qui est propre à agrandir la
vénération et l'amour qu'on est porté à avoir pour
lui. Stanislas voulait surtout, par ces moyens,
mettre à l'abri son innocence, et conserver ainsi
à Dieu son cœur sans tache.

Il était un ange de pureté. Tout jeune, on s'en
souvient, il se trouvait mal quand il entendait la
moindre parole contre sa bien-aimée vertu ; et,
avançant en âge, il avait pris en plus grande affection encore sa chère et douce fleur de chasteté.
Mais on sait comment sont faites les âmes pures ;
elles sont toutes d'une grande timidité [1], et crai-

1 « Les vierges, dit saint Bernard, qui sont vraiment
vierges, ne sont jamais sans inquiétude, sachant qu'elles
portent un trésor céleste dans un fragile vaisseau de terre

gnent toujours pour leur innocence quelque péril. Elles ne trouvent de sécurité que dans les pénitences et dans la fuite du monde.

Stanislas avait une complexion forte [1], un sang généreux et bouillant; il était aussi ardent et aussi vif par tempérament que peut l'être un jeune homme à son âge. Il avait de plus des manières distinguées et était naturellement très aimable; sa figure était belle et fort douce. Tous les jeunes gens nobles de Vienne, qui aimaient sa conversa-

ou, si les corps des vierges, purifiés, ennoblis par la chasteté, méritent un nom plus noble, mettons que ce soit un cristal, il est toujours une matière fragile : *thesaurum in vasis fictilibus*. C'est pourquoi elles se tiennent sur leurs gardes, pour éviter ce qui est à craindre; toujours elles craignent où toutes choses sont en sûreté : *timenda caveant, etiam tuta pertimescunt ;* et appréhendant partout des embûches, elles se font un rempart du silence, etc. » Bossuet).

[2] « E certamente l'onesta non fu un beneficio di natura in sensibile, come morta o fredda. Giovane in un corpo bogliente di spiriti, sanguigno, e vivo quanto alcun altro il sia per eta e per abitudine e temperamento d'umori. » *Vie de saint Stanislas,* par un Père de la Compagnie de Jésus, page 62.

tion, son esprit et ses formes si gracieuses, le recherchaient avec le plus grand empressement.

Donc, guidé par ce sens exquis que donne la pureté, il soupçonna qu'il avait beaucoup à craindre pour sa chère vertu, et du côté de son corps et du côté des compagnies que son frère l'invitait à fréquenter. Avec ce contentement ineffable que donnent toujours au cœur les sacrifices qu'on s'impose pour l'angélique chasteté, il voulut entourer sa chair des épines de la mortification. Ainsi, c'est afin de rester toujours ange, dans son âme et dans son corps, qu'il s'exténuait à force pénitences. Les cilices qu'il portait sur sa peau nue, et les pointes si dures de ces vêtements cruels, les disciplines avec lesquelles il se mettait en sang toutes les nuits, ses longues veilles et ses jeûnes, toutes ses austérités n'avaient pas d'autre fin pour lui que celle de le tranquilliser sur son beau trésor. Il espérait qu'il ne lui serait pas ravi tant qu'il ferait souffrir son corps. On pense bien qu'en le traitant avec une pareille rigueur, il mit cet ennemi redoutable dans l'impossibilité de lui nuire.

Tous les auteurs qui ont écrit sa vie, après avoir constaté que la plus légère tentation n'osa jamais troubler le saint jeune homme, disent que cette chose si rare ne fut pas chez lui le résultat d'une nature insensible, froide, à demi morte, mais qu'il faut l'attribuer aux pénitences qu'il fit avec un courage héroïque, pour prévenir les tentations, et pour ôter à sa chair la force de se révolter jamais contre lui [1].

Après s'être assuré de ce premier ennemi de son innocence, en le tenant constamment attaché à la croix, selon que le demande saint Paul : *carnem crucifigentes cum concupiscentiis*, Stanislas ne fut pas encore tranquille. Il sentit qu'il fallait en outre mettre à l'abri des séductions du monde sa chère vertu, car il était bien facile de perdre la candeur de l'innocence dans les compagnies où on voulait l'entraîner. Il trembla, crai-

---

[1] « Il santo giovane si macerava le carni, non per necessita di domarne l'orgoglio, quasi le provasse nemiche, e ribelli allo spirito ; ma per non provarle tali ; antivenendo il sottometterle, accioche non gli si ardissero a levar contro. » Bart., 23.

gnant que, dans ces réjouissances, dans ces réunions, dans ces repas et dans cette élégance et cette recherche de vêtements, il n'y eût des pièges secrets, et il ne goûta de paix qu'après avoir pris la résolution de fuir toutes ces choses.

En adoptant un semblable parti, il n'ignorait pas tout ce qu'il allait s'attirer de mépris et de mauvais traitements. Mais l'enfant généreux était dans la vérité : la conservation de l'innocence est préférable à la vie la plus délicieuse ; aucun bien ne vaut sans cet incomparable trésor. Ayant pour point d'appui la vérité, Stanislas fut d'une inébranlable constance. Il se laissa donc injurier, fouler aux pieds, battre et tourmenter de mille manières ignominieuses, plutôt que de fréquenter, ainsi qu'on le voulait, ces sociétés, où il croyait avoir tout à craindre. C'était assurément une chose moins cruelle pour lui de souffrir pendant deux ans et même toute sa vie, s'il eût fallu, ce martyre si douloureux, que de voir exposée, un seul instant, son innocence au moindre danger.

Si l'on demande comment le saint jeune homme, qui n'a jamais eu la plus légère tentation, pouvait deviner qu'il y avait quelque péril pour lui dans ces réunions, nous répondrons que c'est précisément sa pureté qui l'avertissait. Vraiment, c'est une des belles choses qu'il est donné à notre esprit de contempler que l'admirable circonspection inspirée aux âmes par l'angélique vertu. S'il était permis de parler de la sorte, on dirait qu'elle possède, à un sublime degré, je ne sais quel instinct divin de sa conservation, et qu'elle communique à l'âme un sens très fin et un discernement très délicat pour tout ce qui peut lui nuire, même de loin. Ainsi Paul, en demandant à son frère qu'il vécût d'une manière plus conforme au siècle, ne voulait certainement pas l'amener à offenser Dieu. Mais, si lui ne savait pas que, dans ces divertissements et au milieu de cette dissipation de la vie mondaine, il pouvait y avoir quelque danger, Stanislas, si pur, l'avait deviné.

On voit donc bien que cette fleur si fraîche d'innocence virginale, qu'il conserva jusqu'à son dernier soupir, coûta au saint jeune homme de grandes pénitences et de cruelles persécutions. Il l'acheta véritablement au prix de son sang [1]. Nous admirons beaucoup de saints qui, pour garder ce précieux trésor, se sont roulés dans les épines, ou se sont plongés jusqu'au cou dans l'eau glacée, au cœur de l'hiver, quand ils étaient tourmentés par de grandes tentations. L'angélique vertu est digne de ces héroïques combats : *Digna est his et majoribus prœliis*. Mais notre cher saint nous apparaît si beau parmi tous ces martyrs de la chasteté, lui qui, à force de se faire souffrir, empêcha que la tentation eût sur lui la moindre prise [2] ; il nous semble si magnifique, que, sans vouloir ôter aux autres saints quelque chose de leur gloire, nous avouons n'avoir pas de peine à comprendre qu'un attrait plein de douceur porte les âmes vers Stanislas et le fasse tendrement chérir par celles qui tiennent à leur pureté plus qu'à leur vie.

[1] « La sua purita verginale costo a Stanislao il mantenerlasi, gran patimenti e sangue. » Bart., page 106.

[2] « Tanto e per si lungo spatio di tempo sofferse, per ne pure esserne leviemente tentato. » Bart., page 106.

Mais Dieu, on le pense bien, ne voyait pas d'un œil insensible son enfant qui s'immolait sans pitié chaque jour, avec une joie naïve, pour avoir le bonheur de lui garder toujours son âme exempte de souillure; et comme cet adorable Seigneur est grand, libéral et magnifique, et qu'il a coutume de payer en Dieu le peu qu'on fait pour lui, on attend ici quelque prodige de sa miséricorde en faveur de Stanislas. Il daigna, en effet, montrer d'une admirable manière combien le pieux enfant avait touché son cœur. Entre tous les privilèges dont sa toute-puissance dispose, il n'en trouva pas de plus beau à lui donner que celui d'inspirer la pureté à tous ceux qui le verraient, ou qui verraient son image, ou seulement qui penseraient à lui : il lui accorda cette incomparable grâce. Il a été reconnu, on le sait, qu'il est impossible de trouver un exorcisme plus puissant contre les tentations impures, que de mettre simplement devant les yeux de celui qui est troublé par elles la céleste figure de saint Stanislas [1].

[1] « Stanislao, che tanto fece, e patì per questa del l'angelica

Sans doute, Dieu lui témoigna un grand amour en lui accordant ce privilège, et le récompensa ainsi avec usure de tous ses sacrifices. Aussi on éprouve pour ce Dieu de bonté un sentiment d'ineffable reconnaissance de ce qu'il a daigné ainsi dédommager l'héroïque enfant. Par cette faveur, que d'âmes il attachait pour tous les siècles à saint Stanislas! Assurément, il le couronnait d'une gloire peut-être la plus pure et la plus douce de toutes les gloires, puisque son angélique figure ne pouvait plus apparaître sans apporter quelque chose du ciel aux âmes, et sans donner la paix des anges à celles qui seraient le plus troublées.

purita, n'hebbe in ricompensa da dio un dono di cosi rara excellenza, che per cosi dire, ne transpiravan da lui. ne gli altri qualita e influenze, in chi di maggior desiderio dell'onesta, in chi di presente rimedio contro alla disonesta... Infestati da importunissime suggessioni di carne non provavano piu possente esorcismo, che metter gli occhi nella verginal faccia di Stanislao; anzi ancora di poi in alcuna sua imagine, quasi in lui presente. Bart., page 107.

CHAPITRE XIV

Comment l'esprit de Dieu commença à inspirer à saint
Stanislas la pensée d'entrer dans la Compagnie de Jésus,
et de la ferveur avec laquelle il célébra la fête de l'illustre
vierge et martyre sainte Barbe.

Stanislas était destiné à la Compagnie de Jésus.
Avant sa naissance, on se le rappelle, une main
céleste avait écrit sur le sein de sa mère le nom
de Jésus. Dieu avait ainsi marqué du sceau et du
chiffre sacré de la Compagnie cet admirable enfant, pour montrer que son dessein était de le lui
donner.

Après l'avoir élevé pour elle avec le plus grand
soin, en quelque sorte sur son cœur et dans sa

plus grande intimité, il ne lui restait plus qu'à le remettre entre ses mains.

Stanislas entrait dans sa dix-septième année. C'est alors que le Saint-Esprit commença à faire naître dans son âme un attrait très grand pour cette Compagnie. Aussitôt que le pieux jeune homme sentit cette première touche de la grâce, il protesta humblement à Dieu qu'il était prêt à suivre ses inspirations. Les voix célestes qui l'appelaient à cette vie avaient pour son cœur quelque chose de singulièrement doux : lui, qu'on avait tant contrarié jusqu'ici dans le désir immense qu'il avait de ne vivre que pour le ciel, voyait toute entrave enlevée, s'il lui était donné d'entrer dans cet Ordre. Là, au moins, il pouvait espérer qu'on ne contrarierait plus ses goûts pieux, mais qu'on l'encouragerait plutôt dans son amour pour le Seigneur et pour les choses éternelles. Dans cet institut, en effet, il n'est permis de vivre que pour Dieu seul. Ce qui en fait la base, ce qui en est l'âme, c'est la gloire divine cherchée et procurée de la manière la plus grande possible ; de sorte que le jésuite qui respirerait autre chose que la

gloire de Dieu, n'aurait pas l'esprit de son fondateur et ne serait enfant de saint Ignace que de
nom. L'âme céleste de Stanislas trouvait là quelque chose de bien séduisant. Tous ses goûts étaient
parfaitement d'accord avec ce que Dieu daignait
demander de lui.

De jour en jour, cet attrait se faisait sentir à son
âme avec plus de force, et il en était arrivé à voir
avec évidence que vraiment la main du Seigneur
lui marquait sa place dans la Compagnie de Jésus.
Une chose le désolait : comment pourrait-il obtenir de son père la permission de se faire religieux ?
Il se savait tendrement aimé de ce père ; lui parler d'une telle vocation c'était lui déchirer le cœur
et briser ses plus chères espérances. Le sénateur
Kostka avait, en effet, sur Stanislas d'autres pensées et des vues toutes différentes. Le jeune
homme était certain qu'il ne donnerait jamais son
consentement. Or Stanislas se voyait adolescent
encore, et ainsi sous la dépendance de sa famille.
Que faire ? Partir malgré ses parents ? C'était faire
du bruit et de l'éclat inutilement : son père, d'un
seul mot, pouvait le ramener en Pologne.

Stanislas, avec une maturité de jugement qui surpassait son âge, pesait ainsi toutes les conséquences, et cependant la grâce ne cessait de le presser intérieurement. Le trouble alors se faisait souvent dans ses pensées, et il ne savait à quoi se résoudre. D'un côté, le Seigneur l'appelait ; d'un autre, il semblait mettre des obstacles insurmontables à l'accomplissement de sa divine volonté : voilà ce que Stanislas ne pouvait expliquer. Il demeura six mois dans cette anxiété, sans en parler à personne. Dieu le permit ainsi pour l'éprouver, et pour montrer que le souverain remède à toutes ces peines de l'âme est dans l'aveu plein d'humilité qu'on en fait au directeur de sa conscience. Par je ne sais quelle timidité, Stanislas n'avait pas osé jusqu'ici en parler au sien ; mais, sentant chaque jour plus pressante l'inspiration divine, il eut peur de se rendre coupable en résistant davantage, et il alla enfin trouver le Père Nicolas Doni, son confesseur.

En tombant à ses pieds, Stanislas fondit en larmes. Il lui raconta, d'une voix émue, que, depuis six mois, il se sentait vivement porté à entrer dans la Compagnie de Jésus, qu'il n'avait pas encore osé lui découvrir ses pensées à ce sujet, mais qu'il éprouvait un immense regret de ne l'avoir pas fait. « Quelle ingratitude, mon père, s'écriait-il en sanglotant, d'avoir ainsi négligé de suivre les inspirations du Ciel ! J'aurais mérité de perdre pour toujours une vocation si précieuse. » Quand il eut achevé, ses larmes redoublèrent, et il sentit tout à coup entrer dans son âme un consolation si délicieuse, qu'il ne se rappelait pas en avoir éprouvé une pareille depuis bien longtemps. Toutes ses inquiétudes s'évanouirent sans que le Père eût besoin de dire un seul mot pour chercher à les dissiper, et il se releva avec la certitude que Dieu saurait bien faire disparaître les obstacles qui s'opposaient à ses désirs. Le Seigneur, comme on le voit, attendait pour le consoler qu'il eût humblement confié ses peines à son confesseur.

Stanislas commença donc à faire ses premières démarches auprès des Pères pour obtenir la faveur d'être admis parmi eux. Il employa les supplications les plus touchantes, et versa beaucoup de larmes. Mais les Pères se virent obligés de lui dire qu'il leur était impossible d'accéder à ses désirs, et qu'ils ne voyaient pas véritablement comment ils pourraient le recevoir sans le consentement de son père.

Quelques années auparavant, des jeunes gens appartenant aux familles les plus nobles de Vienne avaient senti, comme Stanislas, l'impression de la grâce divine, et étaient venus supplier humblement le Père provincial de leur accorder la même faveur. Le Père s'était laissé toucher, car il est difficile de se défendre d'une sainte tendresse à l'égard de ces âmes qui ne veulent que Dieu et qui, ne respirant que son amour, viennent vous demander les joies sacrées du sacrifice dans la vie religieuse. Il avait donc reçu ces jeunes gens malgré l'opposition de leur famille. Mais les parents n'avaient pas manqué de se récrier, et la Compagnie eut à souffrir de leur part une véritable persécution, parce qu'ils avaient tous une très grande influence. Au moment où Stanislas demanda à être reçu, la tempête n'était pas encore apaisée. Pour ne point donner lieu à de nouvelles plaintes, et ne pas voir leur collège abandonné, les Pères avaient dû se faire une loi de ne plus admettre parmi eux aucun de leurs élèves sans le consentement exprès des parents.

Voilà ce qui les empêchait d'ouvrir à Stanislas la porte du noviciat. Le saint jeune homme leur faisait observer, les larmes aux yeux, que le collège était dissous ; qu'il n'habitait plus avec eux, et qu'ainsi cette raison avait cessé d'exister. Ces instances, faites avec une modestie et une fermeté vraiment attendrissantes, leur causaient une peine profonde, mais ils croyaient devoir persister dans leur refus. « Nous voudrions, lui disaient-ils, vous donner cette consolation, après laquelle nous vous voyons tant soupirer ; mais nous ne le pouvons pas. L'influence du sénateur Kostka, votre père, est considérable en Pologne ; si, en vous recevant malgré lui, nous l'indisposons contre nous, il ne manquera pas d'inquiéter nos Pères qui sont en votre pays ; il les persécutera comme ici vous savez qu'on nous persécute. » Et sans lui donner, pour l'avenir, la plus légère espérance, ils se contentaient de le plaindre et de lui souhaiter d'être

plus heureux. Et Stanislas les quittait toujours
désolé.

Une fête pour lui pleine de douceur vint sus-
pendre un instant son affliction. Chaque année,
il voyait arriver, avec une consolation sensible,
le jour consacré à sainte Barbe, vierge et martyre.
On sait que, dans tout le Nord, cette sainte est en
grande vénération. Des églises nombreuses sont
bâties en son honneur, les plus riches autels lui
sont dédiés, et sa dévotion est très populaire. Stanislas se préparait toujours à sa fête d'une manière particulière ; et, cette année, il voulut la célébrer avec plus de dévotion que jamais. On le vit
donc commencer sa neuvaine avec une grande
ferveur ; il augmenta ses jeûnes, ne se dépouilla
presque point de son cilice, et prit chaque nuit,
avec plus de rigueur, la discipline jusqu'au sang.
Il donna aussi plus de temps à l'oraison, et prolongea davantage ses veilles. Chaque jour de sa
neuvaine, il lisait attentivement quelques pages
de la vie de la sainte. Un passage le frappa beaucoup, et l'émut délicieusement. C'est l'endroit où
il est parlé de la grande bonté que la sainte mon-

tre toujours à ses fidèles serviteurs, quand ils sont à leurs derniers moments : jamais elle ne les laisse mourir avant qu'ils aient reçu le saint viatique ; au moins on croit pieusement que Dieu lui a donné ce pouvoir [1]. Avec sa foi ardente, Stanislas pen-

---

[1] C'est peut-être le trait suivant que nous extrayons de Ribadeneira. « Un prêtre, nommé Théodoric, rapporte un miracle insigne qui se passa par ses mains, l'an 1448, en la ville de Gorgue, en Hollande, dont Surius fait mention, d'un homme qui était dévot à cette sainte vierge, à cause qu'il avait ouï dire que tous ceux qui l'honoraient durant leur vie ne mouraient point qu'ils n'eussent premièrement reçu les sacrements. Cet homme, nommé Henry, se trouva surpris du feu, sans qu'il pût s'évader de la maison où il était couché ; et se voyant environné de tous côtés de flammes et son corps qui brûlait au milieu, il avait plus de regrets de mourir sans sacrements que d'être brûlé vif. Il se souvint de la sainte martyre, l'invoqua et implora son aide, non pour être préservé de la mort, mais afin qu'il ne mourût pas sans recevoir les sacrements de l'Église. La sainte vierge Barbe apparut à lui et amortit les flammes, mettant son manteau devant, et le retira de son incendie, lui disant qu'à cause de la dévotion qu'il lui avait portée, Dieu allait prolonger sa vie jusqu'au lendemain matin, pour lui donner le loisir de se confesser, de communier et de recevoir l'extrême-onction. Ce qui fut fait de la sorte, quoique le corps de cet homme fût brûlé jusqu'à la tête, paraissant un homme grillé et rôti, et non pas vivant. »

sait au bonheur qu'on doit avoir quand, sur le point de quitter cette terre, on peut recevoir une dernière fois la sainte communion. Et, comme personne n'est assuré qu'une telle grâce lui sera faite, il éprouvait une joie intime de voir que sainte Barbe avait reçu de Dieu le privilège de l'accorder à ses serviteurs.

Il parla à la sainte, plus par ses larmes que par ses paroles, la supplia de le prendre sous sa protection, et lui promit d'être bien fidèle à la prier, afin de mériter, quand le temps viendrait, qu'elle daignât montrer, à lui aussi, combien elle est puissante et bonne.

Le jour de sa fête arrivé, il redoubla de dévotion, reçut la divine Eucharistie en son honneur, et la conjura de le mettre au nombre de ceux qu'elle aime et qu'elle protège. Sentant qu'il était exaucé, il se disait à lui-même avec une ineffable joie : « Oh ! quelle consolation je vais avoir désormais, quand je penserai à mes derniers moments ! Je puis donc compter sur l'assistance de cette grande sainte, être assuré qu'elle me fera alors apporter mon Dieu, afin que je le voie une dernière fois et que je m'en nourrisse, avant de partir pour les cieux.»

Stanislas ne pensait pas qu'il était si près d'avoir besoin du secours de sainte Barbe, ni qu'elle exaucerait de la manière admirable que nous allons bientôt connaître, les ferventes prières qu'il répandait avec tant de joie à ses pieds.

———

CHAPITRE XV

Comment, Dieu cessant de soutenir saint Stanislas dans sa vie austère et dans le martyre qu'il endurait chaque jour, notre pieux jeune homme tomba malade ; puis comment le démon se jeta sur lui pour le dévorer.

Il faut avouer, avec tous ceux qui ont été témoins des austérités de Stanislas et des mauvais traitements dont son frère l'accablait, que Dieu, par des moyens extraordinaires, soutenait es forces de ce saint jeune homme ; autrement on concevrait difficilement comment il eût pu tenir deux années à la rude vie qu'il menait. Les pénitences que nous lui avons vu faire, ses jeûnes si fréquents, la discipline qu'il se donnait tous les jours jusqu'au sang, le cilice qu'il portait presque continuellement, enfin ces longues heures de la nuit passées dans la prière, devaient beaucoup affaiblir son corps, qui n'était pas formé. Et puis, s'il n'y avait eu que cela ; mais son frère, qui le battait à chaque instant, contribuait plus que toutes ces austérités à altérer sa santé. On se rappelle que, quand il l'avait pris par les cheveux et jeté à terre, souvent ne se sentant pas dans sa colère, il ne savait plus alors mesurer les coups et le blessait dangereusement.

La sainte victime ne vivait donc que par un espèce de miracle que la divine bonté faisait en sa faveur. Mais le Seigneur qui voulait combler Stanislas de grâces plus précieuses encore que cette vie qu'il lui conservait avec tant d'amour, permit enfin qu'il tombât malade vers le milieu de décembre 1566.

La fièvre qui le prit fut d'abord légère et n'inspira aucune inquiétude sérieuse. Pourtant Stanislas était obligé de garder le lit. Là, comme lorsqu'il était en bonne santé, il s'unissait à Dieu par la prière, et retrouvait toute sa dévotion, se consolant dans des entretiens très pieux avec ses saints, ses anges, la sainte Vierge et tout le paradis. Plusieurs jours s'écoulèrent ainsi sans que la fièvre disparût. L'humble enfant, entre les mains de Dieu, demeurait paisible et plein de patience. Au reste, ce temps de la maladie était encore le plus doux pour son pauvre corps, qui n'était plus exposé à la cruauté de son frère, ni accablé par les austérités de la pénitence. Son âme en était aussi plus tranquille, parce que, obligé de rester dans son lit, il ne se voyait pas interrompu par son frère et par ses amis dans ses exercices de dévotion. Déjà, de cette manière, la maladie était une grande faveur pour lui.

Un matin qu'il était occupé des choses célestes et qu'il parlait à Dieu avec cette intimité qu'on lui connaît, il fut tiré de son recueillement par une apparition effroyable [1]. Sans que la porte de la chambre se fût ouverte, un chien énorme

---

[1] *Premier procès de Posen*, page 78. Ce fait est aussi relaté dans plusieurs autres procès. — Nous avons emprunté chacun des traits de cette apparition aux différents auteurs de la vie de saint Stanislas.

était entré, on ignore de quelle manière. Stanislas ne tarda pas à l'apercevoir. Un autre que lui aurait senti son sang se glacer dans ses veines en voyant le monstre ; sa grosseur horrible, ses poils hérissés, et de couleur noire, ses yeux, d'où sortait comme du feu, tout en lui était de nature à produire le plus grand effroi. Ce chien donc, après s'être tenu quelques instants immobile, fait plusieurs pas dans la chambre et se jette tout à coup avec fureur sur le lit de Stanislas, ouvrant sa gueule et se préparant à le dévorer.

Le saint enfant ne perd pas un instant ce calme qu'il avait toujours. Sentant déjà l'haleine de cette cruelle bête, dont la gueule était près de lui, il se contente de faire tranquillement le signe de la croix, et le chien descend du lit où il s'était élancé avec tant de rage : on eût dit qu'il avait reçu un coup mortel. Cependant, après avoir fait un tour dans la chambre, il hérisse de nouveau ses poils, et se prépare à bondir encore une fois sur le lit. Stanislas, toujours maître de lui-même, élève les yeux au ciel, et, voyant le chien s'approcher, fait le signe de la croix. Le monstre tombe à terre, mais pour se relever avec une plus grande fureur ; il se jette pour la troisième fois sur le saint enfant. Avec une inaltérable paix, Stanislas fait le signe de la croix, et le chien horrible disparaît subitement.

Il faut dire qu'aussitôt qu'il s'était aperçu de la présence du monstre dans sa chambre, Stanislas avait pensé que ce pouvait être l'esprit de ténèbres ; car il n'y avait pas de chien dans la maison, et celui-là était entré la porte fermée.

Le saint jeune homme ne s'était pas trompé. Le démon avait pris cette forme dans le but de l'épouvanter ; il voulait le troubler dans ses derniers moments ; car, bien que jusqu'ici sa maladie n'eût rien de grave, cependant le malin esprit, par la connaissance [1] qu'il a de certaines choses avant

[1] Il est intéressant de voir en quel langage magnifique Bossuet expose cette vérité au-dessus de toute discussion, que les mauvais anges ou les démons ont de grandes connaissances. « Si Dieu, dit-il, est la souveraine perfection, n'est-ce pas une vérité très constante que les choses sont plus ou moins parfaites, selon qu'elles approchent plus ou moins de cette essence infinie ? Et les anges ne sont-ils pas, parmi toutes les créatures, celles qui semblent toucher de

qu'elles n'arrivent, avait prévu que Stanislas sans un miracle ne recouvrerait pas la santé. Il avait donc résolu de mettre tout en œuvre pour rendre sa mort moins douce. Il ne dut, par conséquent, rien négliger pour prendre la forme et l'aspect qu'il pensa être le plus capable de porter l'effroi dans l'âme de Stanislas. Ainsi, cette apparition était de

plus près à la Majesté divine, puisque Dieu les a établis dans l'ordre suprême des créatures pour être sa cour et ses domestiques? C'est une chose assurée que les dons naturels dont nous avons reçu quelques petites parcelles, la munificence divine les a répandus à main ouverte sur ces belles intelligences. Et de même que ce qui nous paraît quelquefois de si subtil et de si inventif dans les animaux n'est qu'une ombre des opérations immortelles de l'intelligence des hommes, ainsi nous pouvons dire en quelque sorte que les connaissances humaines ne sont qu'un rayon imparfait de la science de ces esprits purs dont la vie n'est que raison et intelligence. Vous trouverez étrange peutêtre, que je donne de si grands éloges aux anges rebelles et déserteurs ; mais souvenez-vous que je parle de leur nature, et non pas de leur malice... Ne vous persuadez pas que, pour être tombés de si haut, ils aient été blessés dans leurs dispositions naturelles. Tout est entier en eux, excepté leur justice et leur sainteté... Du reste, cette action vive et vigoureuse, cette ferme constitution, cet esprit délicat et puissant et ces vastes connaissances leur sont demeurés. Les puissances qui s'opposent à nous sont des nature à lui causer une grande frayeur, si Dieu n'avait pas rendu inutiles les efforts du démon.

Le saint jeune homme, sachant bien à qui il devait cette victoire, se mit à pleurer de reconnaissance et rendit grâces à Dieu, dont la bonté l'avait si bien protégé contre la bête furieuse. Il remercia aussi avec effusion son ange gardien, qui avait sans doute combattu pour lui, et il lui recommanda avec ferveur son âme, pensant aux dangers qu'elle court, exposée à la fureur d'un ennemi déjà si terrible pour le corps. Tout le reste de la journée se passa pour lui au milieu des plus pures délices, et ses larmes ne cessèrent pas de couler.

esprits purs, incorporels ; tout y est actif, tout y est nerveux ; et si Dieu ne retenait leur fureur, nous les verrions agiter ce monde avec la même facilité que nous tournons une petite boule. Ce sont, en effet, les princes du monde, dit le saint Apôtre, ce sont des malices spirituelles, *spiritualia nequitiæ*, où il suppose manifestement que leurs forces naturelles n'ont point été altérées, mais que par une rage désespérée, ils l'ont convertie en malice, etc. etc.

CHAPITRE XVI

Comment saint Stanislas, sur le point de mourir, voyant
que les hommes refusent de lui faire apporter l'adorable
Eucharistie, s'adresse à son Père du ciel et à sainte
Barbe pour obtenir cette faveur, et comment il a le bonheur d'être communié de la main d'un ange.

Mais ces joies devaient être mêlées d'amertume.
Il sembla alors que Dieu voulût que son enfant
fût dépourvu de toutes les consolations de la terre,
afin de se donner à lui-même le plaisi r de le con
soler.

Depuis l'apparition du démon, la maladie faisait
des progrès; de jour en jour la fièvre devenait
plus sérieuse. Les médecins commençaient à s'in-

quiéter, et la confiance qu'ils avaient eue d'abord
que ce ne serait qu'une indisposition légère, s'était
évanouie tout à fait. Stanislas fut le premier à
s'apercevoir de la gravité du mal, et ne tarda pas
à sentir qu'il touchait à ses derniers moments. C'est
alors qu'une profonde affliction s'empara de lui.
Sa peine ne venait pas de la pensée qu'il allait
mourir : il n'avait rien à perdre en quittant la terre,
puisque tout ce qu'il aimait était au ciel. Le monde
jusqu'ici n'avait donné à son jeune cœur que des
épines ; il avait laissé la fleur de ses années dans
les tourments de la persécution ; son âme donc,
qui n'avait jamais été asservie un seul instant aux
choses d'ici-bas, partait contente, sans qu'aucun
lien la retînt, vers son Dieu, dont il lui tardait tant
de jouir. Ainsi la mort était pour lui un véritable
bonheur.

Mais il avait toujours nourri l'espérance de ne
pas sortir de ce monde avant d'avoir vu une dernière fois son cher Rédempteur. Jésus-Christ,
dans l'adorable sacrement de nos autels, qui avait
fait toute la joie de sa vie, auprès duquel tant de
fois il avait pleuré, il voulait le posséder, l'avoir

avec lui, pour accomplir le grand voyage du temps à l'éternité. Une si étroite intimité s'était formée entre lui et son divin Sauveur, qu'il ne pouvait se résigner à partir avant de lui donner un dernier baiser et de recevoir sa douce paix, avant surtout de le remercier de tout le bien qu'il lui avait fait, et de dire sa dernière parole d'ami à celui qui allait être son juge dans l'autre monde [1].

Stanislas pensa donc à demander cette grande faveur; mais il considéra auparavant combien il serait difficile qu'on lui apportât le saint viatique dans la maison du luthérien. Kimberker n'avait que du mépris pour nos augustes mystères, et Stanislas savait que l'hérétique le mettrait hors de chez lui, tout agonisant qu'il était, plutôt que de laisser jamais un prêtre catholique entrer dans sa demeure. Et cependant, comme l'amour ne désespère jamais, il cherchait à se persuader que peut-être cet homme finirait par être touché, qu'il aurait égard aux désirs d'un pauvre enfant qui va mourir, et que la compassion lui ferait accorder

[1] Le Père Barth.

ce que sa religion et son zèle outré lui défendaient
de permettre.

Le saint malade en parla donc à son frère. En
pleurant, il lui dit les choses les plus touchantes,
pour le décider à prier, en son nom, l'hérétique
de ne pas s'opposer à ce qu'on lui apportât la sainte
Eucharistie. Paul ne pouvait maîtriser son émotion
en voyant les instances pressantes de son jeune
frère, qui n'avait plus qu'un souffle de vie, et qui
mettait un si grand cœur à lui demander cette faveur. Persuadé que le sénateur Kimberker n'accé-
derait pas à de si justes désirs, il jugeait inutile
de lui en parler, et répondait à Stanislas que la
chose était bien difficile. Le malade redoublait ses
prières, et Paul, ne pouvant plus tenir à cette
scène, se retirait fondant en larmes, et envoyait
Bilinski. Mêmes prières, mêmes supplications,
mêmes déchirements de cœur pour cet homme
que l'éloquence du saint adolescent demandant son
Dieu attendrissait, et qui pleurait aussi de ne pouvoir lui faire une réponse conforme à ses désirs,
parce qu'il était assuré des mauvaises dispositions
de l'hérétique. Le gouverneur s'éloignait silencieux

et tout bouleversé, affligé de voir le pauvre enfant, qui avait été si tourmenté durant sa vie, troublé encore et désolé jusqu'à ses derniers moments. Les cousins de Stanislas venaient près de lui, à leur tour. Le malade leur exposait qu'il allait quitter ce monde, et qu'il n'attendait plus que son Dieu, leur disant d'une voix défaillante qu'on devrait bien enfin lui faire cette grâce, et qu'on n'est jamais assez cruel pour refuser à un mourant ce qu'il demande. Ces jeunes gens versaient aussi des larmes ; ils ne savaient que répondre, et ne lui promettaient pas de prendre sur eux de faire une telle démarche auprès de Kimberker, parce qu'ils étaient assurés d'être refusés impitoyablement.

Pour tâcher de le calmer, et pour s'éviter à eux mêmes des scènes si déchirantes, Paul et Bilinski avaient imaginé de faire croire à Stanislas qu'il se trompait, et qu'il n'était pas aussi malade qu'il le pensait ; qu'on ne manquerait pas de lui apporter la sainte communion quand il serait en danger, lui disant de se tenir tranquille, et qu'on songerait à cela plus tard. Les médecins, qui avaient déclaré d'abord que le malade était dans un état désespéré, lui tenaient le même langage qu'eux, et, pour leur faire plaisir, rassuraient de leur mieux le pieux jeune homme.

Mais Stanislas ne se laissait pas tromper. Voyant que ses instances auprès des hommes étaient inutiles, il avait fini par se décider à ne plus rien leur dire et à ne laisser voir ses larmes qu'à son Père céleste, dont il connaissait le cœur si rempli de bonté. Il le conjurait donc souvent, avec une grande confiance, de contenter les désirs de son enfant qui se mourait, alléguant que ce qu'il lui demandait ne pouvait lui déplaire, puisque c'était la grâce de recevoir son Sauveur ; et, au fond de son âme, il avait l'espérance de ne pas quitter cet exil sans s'être nourri du pain des anges.

Il n'oublia point d'invoquer sainte Barbe, patronne de la bonne mort, sachant avec quelle fidélité cette glorieuse vierge assiste, à leur dernière heure, ceux qui l'ont souvent invoquée durant le cours de leur vie. Il lui adressait donc les plus ferventes prières, lui rappelant l'obligation où elle était de ne pas l'abandonner, puisqu'il l'avait servie et honorée de son mieux, qu'il s'était empressé de se faire inscrire, à Vienne, au nombre de ses associés, et que deux mois auparavant, à sa dernière fête, il s'était consacré à elle de tout son cœur.

Il lui disait aussi de se souvenir avec quelle ardeur il l'avait priée alors de ne pas l'oublier, quand il serait à l'extrémité. « Très douce sainte, s'écriait-il en versant un torrent de larmes, vous voyez bien si je ne suis pas à plaindre de ce que mon frère m'a fait venir dans une maison où on ne veut pas voir entrer Notre-Seigneur Dieu. Usez donc en ma faveur, très douce martyre, de la grâce spéciale que Dieu vous a accordée, d'empêcher que ceux qui vous ont implorée durant leur vie meurent sans sacrements. Vous avez des ressources que je ne connais pas pour me faire apporter l'adorable Eucharistie. Choisissez le moyen que vous voudrez; changez les dispositions de cet hérétique si vous trouvez que c'est la manière la plus simple de satisfaire mon désir. Je ne vous dis que cette seule chose, c'est que je ne puis mourir sans recevoir le bon Dieu. » Et, plein d'humilité, il ajoutait: « Assurément, je suis indigne de la grâce que je vous demande; je n'ai aucun titre à faire valoir pour que vous m'exauciez, ma misère est ma seule recommandation auprès de vous, et aussi mes larmes, car il vous est facile de penser combien doit se trouver malheureux un pauvre enfant qui se voit mourir sans pouvoir, une dernière fois, recevoir les embrassements de son Dieu. »

Ces prières étaient touchantes; il n'en fallait pas tant pour attendrir le cœur de Dieu, ni pour émouvoir celui de la sainte martyre: le pieux jeune homme fut exaucé. Pensant donc qu'avec Stanislas il n'était pas besoin de garder les mesures dont il use avec les autres habitants de la terre, le Seigneur jugea à propos de mettre son enfant bien-aimé en communication directe avec les Cieux. Au lieu de disposer les choses de façon à ce que l'hérétique permît enfin à un prêtre d'apporter au malade la sainte Eucharistie, ce qui lui était très facile, vu qu'il tient dans ses mains les cœurs des hommes, Dieu aima mieux faire donner à Stanislas la communion par le ministère d'un ange.

Il chargea de cette mission un de ces esprits bienheureux qui, autour de son trône, attendent avec un humble respect les ordres de sa sainte volonté. L'ange, ayant dans ses mains le pain Eucharistique, vint donc dans la chambre de Stanislas. Sainte Barbe, qui était aussi descendue des cieux avec un autre ange, pour faire cortège au Dieu caché sous les espèces sacramentelles, entra avec lui.

Au moment où apparut l'ange avec la divine Eucharistie, Stanislas avait auprès de lui Bilinski, son gouverneur, qui, depuis huit jours, ne le quittait pas un seul instant. Désolé de voir le mal s'aggraver de plus en plus, il observait le saint malade, écoutait, pour ainsi dire, sa respiration, et avait toujours les yeux fixés sur lui. Accoutumé à le voir continuellement en extase, il ne s'étonnait pas du silence qu'il gardait, ni des soupirs qu'il poussait de temps en temps, ni des larmes qui coulaient quelquefois de ses yeux. Il tremblait seulement que le cher malade ne vînt à mourir au milieu de ses ravissements. Depuis quelques instants déjà, il l'observait avec plus d'attention et voyait par degrés sa figure blanchir et devenir toute brillante ; une larme n'attendait pas 'autre sur son visage radieux, et à mesure que l'émotion gagnait Stanislas, Bilinski

se sentait plus effrayé. Mais son étonnement fut
grand, quand il entendit le saint jeune homme lui
dire d'une voix douce et consolante, comme une
voix angélique : « Mettez-vous à genoux ; voici le
Roi du ciel. Deux anges et sainte Barbe sont avec
lui. » Et, sans attendre davantage, Stanislas, qui,
tout à l'heure, n'avait plus la force de faire le
moindre mouvement, ranimé soudain par la présence de son Dieu, se lève respectueux et se pro-
sterne à sa rencontre.

Confondu et troublé, l'humble enfant reste
quelques instants en adoration ; puis avec douceur
il relève un peu la tête et récite le *Confiteor*. Toujours à genoux par terre[1], au bas de son lit, il
récite encore le *Domine, non sum dignus*, et
l'ange vient déposer sur ses lèvres la sainte hostie ;
et tandis que Stanislas, en possession de son Dieu,
regagne sa couche, les anges et sainte Barbe re-
tournent au ciel[2].

---

[1] D'autres disent qu'il se mit seulement à genoux sur son
lit. « *Tutto languido e finito di forze si drizo ginocchione
sul letto ; altri dice che a pié d'esso in terra.* » Bart., page 40.

[2] Bilinski fut, à différentes reprises, interrogé sur ce fait

dont il avait été témoin oculaire. Voici quelques-unes de ses paroles, extraites des différentes enquêtes qui furent faites : *Premier procès de Posen*, page 58 ; *Deuxième procès de Posen*, page 380 ; *Premier procès de Cracovie*, page 91. « Stanislas étant tombé malade au mois de décembre, je passai sept nuits de suite auprès de lui, m'attendant à chaque instant à le voir rendre le dernier soupir. Durant une de ces nuits, je fus surpris de voir tout à coup la figure de Stanislas se ranimer, se composer et prendre un air respectueux et très doux. Il se tourna vers moi, et me dit d'une voix claire et distincte : « Voici que je vois « la vierge martyre sainte Barbe en compagnie de deux « anges du Seigneur. Je vois le très saint Sacrement de « l'autel : tombez à genoux et adorez un si grand mystère. » Voilà les propres paroles que j'ai entendues. Ensuite, j'ai vu ce qu'il a fait et j'ai la certitude qu'il avait l'usage complet de ses facultés ; non seulement alors, mais durant toute sa maladie, il conserva sans aucune altération sa connaissance. Voici donc ce que j'ai vu : quand il eut ainsi parlé il se mit dans une posture qui révélait la vénération dont son âme était pénétrée. » Tels furent à peu près les termes dans lesquels Bilinski répondit aux questions qu'on lui adressa. *Premier procès de Posen*, page 58 ; *Deuxième procès de Posen*, page 380 ; *Premier procès de Cracovie* page 91, et ailleurs encore. Les circonstances de ce fait miraculeux, on les trouve dans d'autres enquêtes, et voici comment elles sont rapportées par le même Bilinski : « Cette chose arriva à minuit. Sainte Barbe entra dans la chambre avec deux anges, dont l'un portait une sainte hostie qu'il donna à Stanislas. La vue de ces habitants du ciel le jeta dans un étonnement profondément suave ; il se leva aussitôt et se mit à genoux sur son lit ; il frappa trois fois sa poitrine en disant : *Domine, non sum dignus*, et, après avoir reçu le corps de Jésus-Christ, il se recoucha dans son lit, l'âme tout entière à l'hôte divin qu'il avait dans son cœur. » *Premier procès rom.*, tém. 1 ; *Premier procès de Posen*, page 116.

CHAPITRE XVII

Comment la Reine des anges descendit du ciel avec l'enfant
Jésus pour guérir saint Stanislas, et du commandement
qu'elle lui fit d'entrer dans la Compagnie qui porte le
nom de son Fils.

Consolé au delà de tout ce qu'on peut dire, le
pieux jeune homme sentait son âme défaillir de
joie et de reconnaissance envers Dieu et envers
la sainte martyre sa protectrice, qui venaient de
l'assister si miraculeusement. Une chose mettait
le comble à sa félicité : c'était de penser qu'il touchait à ses derniers moments. Il en avait la certitude, jugeant avec raison que, s'il n'eût pas été
en danger de mort, sainte Barbe n'aurait point

fait en sa faveur un prodige si admirable, elle
qui n'a coutume de donner son secours qu'aux
mourants. Il se laissait donc aller à l'espérance
de voir bientôt son Dieu et n'attendait plus que
l'heureux moment où il allait être uni à lui pour
toujours.

Cependant le mal faisait des progrès effrayants ;
on se rappelle que, depuis plusieurs jours déjà,
les médecins avaient déclaré leur art impuissant
pour l'arrêter. Stanislas commença à entrer en
agonie ; bientôt il fut réduit à la dernière extrémité. Ceux qui entouraient son lit pleuraient,
s'attendant à le voir à chaque instant expirer.

Mais Dieu, qui avait sur lui de grands desseins
de miséricorde, ne voulait pas encore l'appeler
dans son paradis ; seulement, il avait résolu de
le laisser quelque temps aux prises avec la mort,
afin de lui témoigner plus de tendresse en lui
rendant la vie, et pour se l'attacher davantage ;
parce que Stanislas ne manquerait pas de comprendre qu'il ne pouvait donner qu'au Seigneur
la vie qu'il recevait manifestement de lui.

Et il est très doux ici de voir la sagesse de ce

grand Dieu et d'admirer de quelle manière il s'y prit pour arracher Stanislas à la mort, manière aussi touchante et aussi prodigieuse, dit un auteur [1], qu'était prodigieux et touchant ce don d'une nouvelle vie qu'il daigna accorder au saint jeune homme.

Voyant donc combien Stanislas avait toujours été pieux envers la Sainte Vierge, avec quelle confiance il l'avait priée durant sa maladie, enfin avec quelle suavité il l'aimait, Dieu voulut que ce fût l'auguste Marie elle-même qui vînt le retirer du tombeau. Il pensa, sans doute, qu'il ne pouvait pas lui faire plus de plaisir qu'en lui rendant la vie par elle, et il voulut aussi montrer à tous, en récompensant de cette façon le tendre amour de Stanislas envers la Reine des anges, combien la dévotion qu'on a pour la sainte Vierge lui est agréable. Voici comment les choses arrivèrent [2] : Au moment même où il allait rendre le dernier soupir, tout à coup, au milieu d'une grande clarté,

[1] Le Père Longaro.

[2] Toutes ces circonstances se trouvent rapportées dans le *Procès de Cracovie*, page 104 ; dans celui de *Posen*, p. 44.

la sainte Vierge lui apparut, portant dans ses bras l'enfant Jésus. Avec l'air le plus doux et le plus consolant, elle s'approche de son cher malade, et dépose l'enfant Jésus sur son lit. Or Stanislas, écrit un historien[1], fut sur le point de mourir, non plus de douleur, mais d'allégresse. Voyant le céleste Enfant si près de lui, à la portée de ses caresses et de ses baisers, il le prit et le tint long-temps sur son cœur.

L'enfant Jésus et Stanislas, continue cet auteur avec une pieuse naïveté, s'embrassaient récipro-quement, et mettaient leurs joues sur leurs joues, leur cœur sur leur cœur. C'était une véritable joie du paradis. Stanislas suspendait un instant ses caresses pour regarder la sainte Vierge, et ses yeux revenaient bientôt sur l'enfant Jésus. Il reçut de la Reine des anges les plus délicieuses paroles et essaya d'en balbutier quelques-unes pour té-moigner sa reconnaissance à sa mère bien-aimée. La Vierge l'écoutait avec bonté ; mais, voulant enfin se retirer, elle lui fit le commandement[2]

[1] Le Père Longaro, page 29.
[2] Dans le *Premier procès de Cracovie*, page 104. Nicolas

exprès d'entrer dans la Compagnie de Jésus : « Tu recouvreras la santé, lui dit-elle ; mais la vie que je t'ai obtenue, je veux que tu l'emploies au service du Seigneur, dans la Compagnie de mon Fils, tu dois finir tes jours dans la société qui porte son nom ; tu te feras jésuite [1]. » Quand la sainte Vierge eut achevé ces paroles, elle lui reprit son Enfant, puis elle le bénit, le regarda une dernière fois avec des yeux pleins de tendresse, et disparut enfin, le laissant comblé de la joie la plus pure et guéri pleinement de sa maladie.

Confus de tant de faveurs, le saint jeune homme sentit naître dans son cœur les plus ardents désirs de croître chaque jour dans l'amour de Dieu et de la sainte Vierge, et il résolut de se consacrer tout entier à leur service. Au bout de quelques jours, Stanislas put se rendre à l'église des Pères de la Compagnie de Jésus. Il se prosterna devant le saint autel et demeura longtemps dans cette

Doni, à qui Stanislas raconta la chose, a attesté cela à Madrid, 1602.

[1] Le père Pascale.

posture, renouvelant ses humbles actions de grâces au Seigneur. pour les grandes miséricordes dont il avait usé envers lui, malgré son indignité.

CHAPITRE XVIII

Comment saint Stanislas fut affligé en voyant qu'on refusait de le recevoir dans la Compagnie de Jésus, puis de la résolution qu'il prit d'aller jusqu'au bout du monde, s'il le fallait, pour obtenir cette faveur; enfin de sa joie quand le Père Antoine lui fait espérer qu'à Augsbourg ou à Rome on pourra l'admettre.

Quand Stanislas eut remercié Dieu et la sainte Vierge de ces faveurs si précieuses, il pensa à exécuter l'ordre que son auguste mère était venue lui apporter du ciel. Il alla donc trouver son confesseur et lui fit part de sa vision. Le Père Doni fut impressionné par les choses que Stanislas lui raconta ; mais il ne savait comment s'y prendre pour l'aider à accomplir ce que la sainte Vierge demandait de lui. Il voyait le saint jeune homme prêt à tout entreprendre et pensait comme lui, avec raison, que si la Mère de Dieu lui disait d'entrer dans la Compagnie, elle ferait en sorte de l'aider pour cela. Toutefois les inconvénients lui paraissaient bien graves.

Il lui conseilla d'aller trouver le Père Provincial auquel déjà il s'était vainement adressé, et de lui dire que la sainte Vierge avait parlé cette fois, et que ce qui était refusé à lui, pauvre enfant, ne pouvait pas l'être à la Reine des Anges, qui le demandait pour lui. Stanislas se rendit donc auprès du vénérable Père Laurent Magi. Il lui parla avec une fermeté pleine de modestie, essayant de lui faire comprendre dans quel embarras son refus le mettait, puisqu'il avait l'ordre exprès du Ciel d'entrer dans la Compagnie, et qu'il était obligé de faire ce qui lui était commandé. Mais, quelque pressantes que fussent ses prières, et quelque abondantes que fussent ses larmes, le Provincial, malgré toute la force de ses raisons, malgré tout ce qui apparaissait de céleste dans sa vocation, ne put lui donner aucune parole qui le satisfît. Ému de compassion pour lui, il l'embrassa tendrement et lui dit en des termes qui respiraient la plus pénible douleur : « Je suis obligé de me faire une grande violence pour vous refuser ce que vous demandez ; mais je ne puis vous recevoir sans le consentement de vos parents. La Compagnie aurait à en souffrir, car votre père ne manquerait pas d'exciter contre elle, dans toute la Pologne, une tempête semblable à celle que nous avons eu à essuyer à Vienne pour une pareille cause. »

Il aurait fallu qu'un des Pères eût bien voulu se charger de demander au sénateur Kostka la permission pour son fils d'entrer dans la Compagnie ; mais personne ne croyait pouvoir le faire, dans la crainte d'irriter ce noble seigneur et de le porter à penser qu'à toute force on voulait lui ravir Stanislas.

Bien des fois déjà on avait fait entrevoir au pieux jeune homme ces difficultés si sérieuses ; mais la sainte Vierge avait parlé ; il savait qu'il les vaincrait tôt ou tard. Voyant donc que toutes les prières qu'il avait lui-même adressées aux Pères n'aboutissaient pas, Stanislas pensa à faire demander par d'autres cette faveur tant désirée.

Il y avait alors à Vienne le cardinal Commendon, envoyé par le saint pape Pie V auprès de Maximilien, pour arranger des affaires concernant la religion. Ce cardinal, ami de la maison de Kostka, avait été nonce apostolique auprès de Sigismond, et avait reçu, dans cet emploi, la pourpre romaine. Depuis une année seulement il avait quitté la Pologne pour venir en Autriche. Stanislas alla trouver ce personnage éminent, qui le reçut avec une grande affection, parce qu'il connaissait combien sa famille était recommandable Le cardinal ne put s'empêcher d'approuver son dessein et l'ardeur qu'il mettait à le poursuivre. Il loua sa constance, et lui promit de faire tout ce qui dépendrait de lui pour l'aider dans sa pieuse entreprise.

Le cardinal Commendon employa donc les instances les plus vives auprès du Père Magi pour le faire consentir à recevoir ce jeune homme parmi les novices. Mais ce Père, si prudent, n'eut pas de peine à lui persuader qu'il était impossible d'admettre Stanislas contre la volonté de sa famille. Craignant avec le Provincial une persécution contre la Compagnie en Pologne, si l'on passait outre, le cardinal ne jugea pas à propos d'insister davantage, et ne put ainsi donner à Stanislas la plus légère espérance.

Se voyant donc privé de tout secours humain pour accomplir les ordres du Ciel, le saint jeune homme ne faisait plus que prier et pleurer le jour et la nuit. Il était loin pourtant de vouloir renoncer à son projet. Les paroles de la sainte Vierge étaient toujours imprimées dans son cœur et soutenaient son courage. Pour témoigner à Dieu et à sa divine Mère qu'à tout prix il voulait leur obéir, il renouvela le vœu qu'il avait fait quelques mois auparavant d'entrer dans la Compagnie de Jésus. Il prit aussi l'engagement d'aller dans tous les collèges, dans toutes les provinces pour demander cette grâce jusqu'à ce qu'elle lui fût accordée, voyageant à pied et mendiant son pain, si cela devenait nécessaire, promettant enfin de ne retourner jamais dans sa patrie, de ne s'arrêter nulle part avant d'être reçu dans ce saint Ordre. Il fit ce vœu à Dieu dans la tranquillité de la prière, et non avec cette préci-

pitation qui accompagne quelquefois les détermi-
nations des jeunes gens légers.

Alors le Seigneur permit que Stanislas fît connaissance avec un jésuite portugais nommé Fran-
çois-Antoine. Ce Père était venu d'Italie en Allemagne, pour remplir les fonctions de prédicateur
auprès de l'impératrice Marie, et pour dispenser
aussi la parole de Dieu aux Espagnols et aux Ita-
liens qui étaient à Vienne; d'une piété ardente et
d'une prudence consommée, il produisait chaque
jour de grands fruits dans les âmes et captivait
par l'onction de son éloquence tout apostolique.

Ce saint homme avait pris Stanislas en affection
et souvent s'entretenait avec lui des choses éternelles. Il connaissait sa constance et sa grande
générosité envers Dieu. La sainte Vierge inspira
à Stanislas la pensée de faire part à ce religieux
de tout ce qui se passait dans son intérieur. Il lui
découvrit donc sa conscience jusqu'au fond, lui
parla du vœu qu'il avait fait d'entrer dans la Com-
dagnie de Jésus, de la vision qu'il avait eue, des
démarches entreprises par lui pour exécuter les
ordres du Ciel et de tous les refus qu'il avait

essuyés. Il le pria, par l'amour de Jésus-Christ, de l'assister, l'assurant qu'il ne voulait plus entendre parler ni de patrie, ni de parents, mais qu'il était décidé à voyager dans toutes les parties du monde et à souffrir les plus grands maux, pour obtenir qu'on daignât le recevoir dans la Compagnie.

Ayant entendu Stanislas plaider sa cause, et voyant combien était juste sa demande; considérant d'un autre côté que les refus du Provincial étaient aussi légitimes; pensant, de plus, qu'il fallait désespérer d'obtenir jamais le consentement du sénateur Kostka, le Père Antoine pesa longtemps en lui-même toutes ces choses. Il remarquait que Stanislas avait un caractère grave et réfléchi, que sa ferveur n'était pas inconsidérée, qu'il avait un grand cœur et que l'inconstance n'était pas à craindre chez lui. Persuadé, finalement, qu'il vaut mieux obéir à Dieu qu'aux hommes, il ne détourna pas Stanislas de son dessein, mais il approuva la résolution où il était d'aller chercher en un autre pays ce qu'il était certain de ne pouvoir trouver ici : « Si tel est votre dessein, lui dit-il, je puis vous assurer que vous serez reçu

par le Père Canisius, provincïal de la haute Allemagne, que vous trouverez à Augsbourg, ou certainement par le Père François Borgia, général de
la Compagnie, qui réside à Rome. Je vous donne-
rai une lettre pour chacun d'eux. »

Quand Stanislas entendit ces paroles, il crut
que le paradis s'ouvrait devant lui, et il se sentit
le cœur soulagé, comme si on lui avait ôté un
poids immense. Il accueillit donc avec reconnaissance le conseil que lui donnait le Père Antoine,
et, le remercaint du fond du cœur, il l'assura de
nouveau qu'il était prêt à tout endurer : « Car,
ajoutait-il en pleurant, je sais bien que je ne souf-
frirai jamais pour mon divin Rédempteur ce que
mon divin Rédempteur a souffert pour moi. »

En prenant congé du Père, il lui promit de faire
tout ce qui dépendrait de lui pour accélérer son
départ de Vienne.

CHAPITRE XIX

Comment saint-Stanislas trouva une occasion pour prendre
la fuite, et de quelle manière il passa toute la nuit qui
précéda son départ.

Stanislas avait plus de douze cents milles[1] de
chemin à parcourir pour aller à Rome, supposé
qu'à Augsbourg le Père Canisius ne crût pas devoir l'admettre dans la Compagnie; et c'est à pied
qu'il lui faudrait faire cette longue route. Dépourvu de toutes ressources, il ne pouvait compter,
pour vivre, que sur les aumônes qu'il recevrait le

---

[1] Le mille vaut à peu près 1,489 mètres.

long du chemin. Mais cela n'était pas de nature à le décourager. Il ne lui répugnait nullement de se vêtir en pauvre et de tendre la main aux passants, quoiqu'il appartînt à une noble famille. En tout cela, il ne voyait pas l'ombre de la plus petite difficulté, et il s'estimait trop heureux si, au prix de tant de dangers, de tant d'infortunes, de tant d'opprobres auxquels il allait être exposé, il pouvait arriver au terme de ses désirs, c'est-à-dire se consacrer au service de Dieu, obéir à la sainte Vierge, vivre et mourir dans la Compagnie de Jésus. C'est tout ce qu'il voulait, persuadé qu'il goûterait d'autant plus de bonheur dans ce saint ordre, qu'il lui en aurait coûté plus cher pour obtenir la grâce d'y être admis.

Inébranlable dans cette résolution, Stanislas épiait un moment favorable pour exécuter son héroïque dessein. Il avait une foule de raisons qui l'autorisaient à quitter son frère, dont il ne recevait chaque jour que les plus indignes traitements. Mais il voulait que celui-ci lui donnât quelque nouveau motif sur lequel il pût s'appuyer pour prendre la fuite. Accoutumé à se voir sans cesse tourmenté par lui, il savait qu'il n'aurait pas à attendre bien longtemps.

Cependant il avait eu soin de se précautionner de toutes les choses indispensables pour son voyage; il avait acheté un vêtement de toile, un chapeau semblable à celui que portent les gens de la campagne, et tout ce qui constitue le costume d'un mendiant et d'un pauvre pèlerin.

Enfin l'occasion qu'il cherchait se présenta. A quelques jours de là, Paul, le rencontrant dans un appartement, se mit à lui dire mille injures. Il le prit aux cheveux, le traîna par terre, et le frappa à coups de pieds, selon sa barbare coutume. Stanislas se montra plein de douceur, et, tant que durèrent ces cruels traitements, il ne poussa pas le moindre soupir. Mais quand son frère l'eut laissé se relever, au lieu de se retirer sans rien dire, comme il faisait toujours, il feignit de paraître enfin las de la conduite de Paul. S'efforçant donc de donner à son visage un air ému, il lui dit : « Si vous ne cessez de me battre et de m'outrager comme vous le faites, je vous déclare et je vous avertis que vous me forcerez à me soustraire à un si dur esclavage, et que je saurai bien trouver le moyen de me rendre libre, à quelque prix que ce soit. Vous m'avez contraint de venir habiter ici ; je ne le voulais pas. Vous aurez à rendre compte de moi à notre père. »

Paul, qui depuis deux ans avait ainsi outragé et battu son frère sans qu'il l'eût jamais vu donner le moindre signe d'émotion, fut surpris de l'entendre parler avec cette fermeté. Blessé dans son orgueil par des reproches qu'il ne sentait que trop mérités, il se livra aux plus grands transports de colère, éclata en paroles menaçantes et termina par ces mots : « Va te faire pendre si tu veux, je ne t'en empêcherai pas, car tu me débarrasseras bien ; pourvu que tu disparaisses de devant mes yeux, c'est tout ce que je demande. » Stanislas eut beaucoup de peine à cacher la joie que ces paroles lui causaient ; il fit tous ses efforts pour empêcher le contentement de se répandre sur son visage ; il n'attendait que cela. Son frère, en des termes assez clairs, venait de lui donner son congé. Il avait donc maintenant tout ce qu'il lui fallait pour motiver sa fuite. Sans perdre un moment, il alla trouver le Père Antoine, pour l'informer de ce qui était arrivé, et pour s'entendre avec lui sur les dernières dispositions à prendre avant le départ. Il fut arrêté que, dès le lendemain matin, Stanislas se mettrait en route. Le Père lui dit en le quittant : « Demain, après la messe, vous viendrez me trouver, afin que je vous donne les deux lettres que je vous ai promises. »

Quand la nuit fut arrivée, Stanislas mit ordre à ses affaires, disposa tout pour le voyage, fit un paquet de ses habits de pauvre, puis alla commencer son oraison. Il reçut de Dieu les plus douces consolations, et ses larmes coulèrent toute la nuit. Il ne pouvait s'empêcher de pleurer en pensant qu'il se faisait pauvre pour l'amour de son Dieu et qu'il n'allait plus avoir personne qui prendrait soin de lui, si ce n'est la sainte Vierge. Dans la simplicité naïve de sa foi, il n'en revenait pas de se voir maintenant sur les bras de son Père, de sa mère du ciel, n'ayant vraiment plus qu'eux seuls pour lui donner du pain et le soutenir dans sa faiblesse, et pour le défendre duran

le long voyage qu'il allait entreprendre. Le jour
le surprit fondant encore en larmes et s'entretenant doucement avec Dieu.

Sans penser au long chemin qu'il avait à faire,
il était ainsi resté toute la nuit à genoux dans sa
chambre, et n'avait pas pris de repos. Dieu avait
été trop charmé par toute la confiance et tout l'a-
mour qu'il lui avait témoignés pour le porter à
se retirer, afin qu'il se livrât un peu au sommeil.
Dans son infinie bonté, il avait mieux aimé le
fortifier d'une manière surnaturelle que de lui
dire de s'éloigner de sa présence, et l'avait ainsi
gardé près de lui, le laissant parler et le consolant
de la manière la plus suave.

Stanislas, voyant qu'il n'avait pas de temps à
perdre, essuya ses yeux, pria de nouveau Dieu et
la sainte Vierge de ne pas manquer de l'accompagner, et, se relevant, il se hâta de sortir de sa
chambre, tandis que son frère et son gouverneur
dormaient encore. Il appela Pacifici, un des domestiques, et lui dit d'un air gai et empressé :
« Je vous prie d'avertir mon gouverneur et Paul,
mon frère, que je ne serai pas à la maison pour le

déjeuner; j'ai reçu pour aujourd'hui une invitation à laquelle la politesse m'oblige de me rendre. »

Sans attendre davantage, il sortit et se dirigea vers la maison des Pères.

CHAPITRE XX

Comment saint Stanislas s'habilla en mendiant et s'ache-
mina avec joie vers Augsbourg ; puis de la grande inquiétude de son frère et de son gouverneur, quand ils
s'aperçurent qu'il avait pris la fuite.

Stanislas assista d'abord au saint sacrifice de
la messe et communia avec une ferveur admirable.
Dieu le combla encore de consolations. Après son
action de grâces, le saint jeune homme alla se
mettre aux pieds du Père Antoine, pour lui demander sa bénédiction. Ce pieux religieux la lui
donna avec une grande émotion, puis lui remit
deux lettres, l'une pour le Père Canisius à Augsbourg, l'autre pour le Père François de Borgia à

Rome. Alors, sans argent, sans pain, dépourvu de tout ce qui était nécessaire pour un si long voyage, Stanislas partit, plein de confiance en Dieu, vers le milieu du mois d'août de l'année 1567.

Quand il fut en dehors des portes de la ville, le saint jeune homme leva les yeux au ciel, et ses larmes ne tardèrent pas à couler; son cœur pensait à Dieu ; il soupirait avec douceur. Bientôt, s'adressant à la sainte Vierge, il lui fit de nouveau le vœu par lequel il s'était déjà engagé à ne cesser jamais de voyager, de mendier, avant d'avoir obtenu qu'on l'admît dans la Compagnie, persuadé qu'il serait encore largement récompensé de ses peines, quand bien même on ne lui accorderait la grâce d'y entrer que pour mourir.

Lorsqu'il eut fait un peu de chemin, il se retourna pour voir si Vienne était déja loin ; il l'aperçut, encore, mais comme il lui tardait de prendre son costume de mendiant, il quitta la route et alla dans quelque endroit retiré se dépouiller de ses habits de seigneur, qu'il portait encore. Avec une joie presque enfantine, il se revêtit de sa tunique de toile, se fit une ceinture

avec une corde, y attacha son chapelet, et se couvrit la tête du pauvre chapeau qu'il avait eu soin
d'acheter. Le jeune seigneur avait de la peine à
se reconnaître sous ces vêtements de malheureux,
et sa joie était au comble. Il rencontra bientôt un
pauvre et lui donna ses habits qu'il avait portés
dans le monde, et dont il n'avait plus besoin désormais. Enfin ramassant un bâton, il se mit en
route avec un courage et une allégresse admirables. Il savait qu'il n'avait pas de temps à
perdre, que Paul ne tarderait pas à s'apercevoir
de sa fuite; il voulait avoir de l'avance, afin de
n'être pas atteint par ce frère irrité si la pensée
lui venait de se mettre à sa poursuite. Le fugitif
marcha avec tant d'ardeur, malgré le soleil brû-
lant du mois d'août, qu'il fit, ce jour-là, presque
dix milles de Pologne, ce qui équivaut à cinquante
milles d'Italie[1].

Aussitôt que Pacifici eut l'occasion de voir Paul,
son jeune maître, il lui apprit que Stanislas était
venu à lui de grand matin, revêtu de ses plus

[1] Environ 74 kilomètres, ou 18 lieues et demie.

beaux habits, et qu'il lui avait dit d'un air joyeux :
« Je m'en vais trouver plusieurs de mes amis qui
m'ont invité. Vous prierez mon frère et mon gouverneur de se mettre à table sans moi, si je ne
suis pas de retour à midi. »

Cette absence de Stanislas paraissait aussi
étrange à Paul qu'à Bilinski ; jamais ils ne lui
avaient vu prendre une telle liberté, ni accepter
de pareilles invitations. C'était la première fois
qu'il lui arrivait de dîner en dehors de la maison.
Mais, pour le moment, il ne leur vint pas à la pensée
qu'il avait pris la fuite. Vers le soir cependant,
l'inquiétude commença à s'emparer de leur esprit.
Quand ils virent la nuit arriver sans que Stanislas
parût, ils se mirent à supposer que quelque chose
de grave devait le retenir. Bilinski ne savait à
quoi attribuer ce retard. Connaissant la vie si ré-
gulière du saint jeune homme, il ne s'expliquait
une absence si prolongée qu'en pensant qu'il lui
était certainement arrivé quelque malheur. Pour
Paul, qui se souvenait des paroles que Stanislas lui
avait dites la veille, il commençait à soupçonner
que son frère pouvait bien avoir quitté réellement

la maison, pour aller demeurer ailleurs où il ne
serait plus tourmenté. A mesure que les heures
s'écoulaient, il était confirmé davantage dans
cette pensée.

Il est facile de s'imaginer quelle désolation et
quel trouble une chose aussi extraordinaire répandait dans toute la maison. Les domestiques
qu'on avait envoyés dans les endroits où l'on
croyait qu'il pouvait être, revenaient les uns après
les autres, sans avoir pu trouver quelqu'un qui
leur donnât la moindre nouvelle de Stanislas. On
était allé chez les Pères jésuites, et personne
n'avait su dire ce qu'il était devenu.

Paul, ne se contentant pas de ce que les domestiques lui rapportaient, voulut s'assurer des choses
par lui-même, et se présenta au collège tout en colère, demandant à entrer afin de visiter les appartements, parce qu'il avait l'assurance que son
frère y était caché. On lui répondit avec douceur
que Stanislas n'était pas dans la maison; qu'il
n'était même plus à Vienne à cette heure, mais
qu'on croyait qu'il avait secrètement quitté la
ville. Paul vit alors, d'une manière bien claire,

que son frère lui avait parlé sérieusement quand il lui avait dit qu'il s'en irait. Les dernières paroles qu'il avait jetées à Stanislas dans sa colère lui revinrent à la mémoire : « Je ne demande qu'à ne plus le voir paraître devant mes yeux ; » et il ne douta pas que ces mots ne l'eussent décidé à partir.

La désolation commença donc à l'accabler, en pensant que son père n'allait pas manquer de faire retomber sur lui tout le mal qui arriverait à cet enfant. Il se représentait vivement les reproches que ce père lui ferait, quand il viendrait à savoir que Stanislas, perdu à jamais pour lui, n'a pris la fuite que pour échapper à la méchanceté de son frère, aimant mieux demander la charité et être sans asile que de rester plus longtemps exposé à ses mauvais traitements.

Agité de ces craintes, il rentre à la maison et dit à Bilinski que Stanislas n'est point chez les Pères, qu'il a dû s'échapper, et qu'il n'y a plus qu'un moyen à prendre, c'est de se mettre sur ses traces et de le ramener au plus vite. Ils vont tous deux trouver le sénateur Kimberker et lui exposent l'embarras dans lequel ils se trouvent. Leur hôte ignorait comme eux la direction qu'il fallait prendre pour atteindre le petit fugitif. Sur quelle route s'était-il aventuré? On savait bien que tout seul, sans ressources, il n'avait pas pu encore aller bien loin; mais, avant tout, il fallait être renseigné sur le chemin qu'il avait pris. Kimberker réfléchit un instant, puis, laissant Paul Kostka avec Bilinski, il sortit. Au bout de quelques heures, il revint triomphant, apportant les détails les plus précis qu'on pût désirer.

« Stanislas, leur dit-il, a pris la route d'Augsbourg... » Et il leur nomma la ville et même l'hôtellerie où le saint jeune homme avait passé la nuit. Le luthérien tenait ces renseignements d'une magicienne à laquelle il venait de recourir, la conjurant de lui faire dire par le démon ce qu'était devenu Stanislas. Cette femme impie avait commencé sur-le-champ ses évocations et ses cérémonies superstitieuses, et le démon avait donné cette réponse, qui se trouva véritable.

Paul et Bilinski[1] n'approuvèrent pas le moyen

¹ On lit dans la *Vie de saint Stanilus* écrite quelques

que le sénateur avait employé pour avoir des nouvelles de Stanislas ; il n'y avait qu'un luthérien qui fût capable de faire une semblable chose. Mais ils furent contents de ces renseignements, qui les mettaient sur les traces du jeune homme, et qui leur donnaient l'espérance de le ramener bientôt avec eux.

Ils arrêtèrent ensemble que, le lendemain matin, dès qu'il ferait jour, ils prendraient une voiture et deux bons chevaux, et s'empresseraient d'aller à sa recherche.

années seulement après la mort du bienheureux, que Paul et Bilinski étaient complices de l'hérétique Kimberker dans cet odieux commerce avec le démon. Paul Kostka, qui ne nia jamais combien il avait été cruel envers son frère, réclama vivement contre cette accusation, quand il la trouva dans cette vie, et déclara formellement que ni lui ni Bilinski n'avaient pris part à cet acte coupable.

CHAPITRE XXI

Comment saint Stanislas, poursuivi par son frère et son
gouverneur, passa auprès d'eux sans être reconnu, et
comment Dieu arrêta miraculeusement les chevaux quand
l'angélique jeune homme fut sur le point d'être pris.

Paul et Bilinski connaissant donc la route que
Stanislas avait prise, étaient assurés qu'ils pourraient le rejoindre avec la plus grande facilité.
Cependant ils passèrent la nuit en proie à une
grande inquiétude. Il leur fut, au reste, impossible
de fermer de l'œil, et ils attendirent ainsi, avec
une extrême impatience, le lever du jour. Avant
que le soleil eût paru, ils étaient déjà en voiture
avec leur valet de chambre, et le sénateur Kim-

berker qui voulut les accompagner. Pacifici resta
pour garder la maison. Les chevaux marchaient
avec rapidité, mais n'allaient pas encore aussi
vite que les voyageurs l'auraient désiré, tant ils
avaient hâte d'atteindre le saint enfant.

Pendant ce temps-là, Stanislas se livrait tranquillement à l'oraison dans le réduit qu'on lui
avait abandonné pour passer la nuit. Voyant le
jour venir, il interrompit ses saintes prières et
pensa à reprendre sa route. Il remercia, avant de
s'en aller, l'homme charitable qui avait bien
voulu le recevoir dans un coin de sa maison, et
partit sans prendre aucune nourriture, espérant
trouver bientôt quelque église où il pourrait recevoir la sainte communion.

Chemin faisant, il se rappelait avec joie la manière dont il avait quitté la maison de son frère,
et rapportant tout à la sainte Vierge, sa mère bien-
aimée, il lui disait en regardant le ciel : « C'est
donc ainsi que vous aimez votre enfant ! c'est donc
ainsi que vous prenez soin de lui ! » Et, avec un
grand contentement, il repassait toutes les circonstances de sa fuite, ce qu'il avait dit au vieux

domestique en le quittant, puis la manière si douce
dont Notre-Seigneur l'avait consolé dans sa communion à l'église des Pères. Il pensait aussi aux
deux lettres qu'il avait avec lui et qui devaient lui
ouvrir la porte du noviciat à Augsbourg ou à Rome,
et tout cela ravissait sa sainte âme. Puis, avec une
piété d'ange, il se consacrait à sa divine mère,
lui montrant avec une délicieuse ingénuité les vêtements de pauvre qu'il avait pris par amour
pour elle. Il bondissait presque d'allégresse, invoquait les anges et marchait toujours plein
d'ardeur, afin d'arriver au plus vite à Augsbourg.

Après avoir passé la matinée à réciter à la
sainte Vierge, avec une suavité imcomparable,
toutes les oraisons qu'il savait en son honneur,
vers midi, tandis qu'il méditait sur le *Salve
Regina*, sa prière de prédilection, Stanislas se vit
un instant interrompu par un incident que Dieu
permit, afin de lui montrer, une fois de plus,
combien il aimait à lui faire ressentir les effets de
sa protection toute-puissante.

Un bruit de voiture se fit entendre aux oreilles
du jeune voyageur; des chevaux couraient à perte

d'haleine derrière lui. Il tourne la tête, et dans le
lointain il reconnaît son frère qui se penchait sur
les chevaux et les faisait marcher à toute bride.
Levant aussitôt ses yeux vers le ciel, Stanislas in-
voque la sainte Vierge avec un regard si suppliant
et si plein de confiance, qu'il sent aussitôt descendre
dans son âme un calme inaltérable. Il continuait
donc tranquillement son chemin, ne voyant autour
de lui aucun bois où il lui fût possible de se cacher.
Seulement, sentant la voiture approcher [1], il cherchait à se détourner, afin d'éviter de se trouver sur
la route quand elle allait passer. Il aperçut bientôt
un sentier qui conduisait dans la campagne et s'y
engagea, volant plus qu'il ne marchait, afin que
son frère ne pût voir son visage. Une pieuse tradition raconte que, quand il eut fait quelques pas
dans ce sentier, il rencontra un torrent qui semblait devoir lui fermer le passage. Stanislas ne se
laisse pas déconcerter, mais s'avance tranquillement dans l'eau, qui s'affermit sous ses pieds ; de

---

[1] Plusieurs auteurs prétendent que la voiture passa tout
près de Stanislas, et que le saint enfant ne quitta la route
qu'après qu'il eut été devancé par elle.

sorte que, sans être mouillé, il gagne l'autre rive et continue son chemin.

Cependant son frère et ceux qui allaient à sa poursuite avaient remarqué un petit pauvre qui marchait seul sur la route. Ils avaient d'abord fait peu attention à lui. Ils l'avaient bien vu fuir ensuite à pas précipités dans la campagne ; mais la pensée ne leur était pas venue en ce moment que ce pouvait être Stanislas. Quand ils l'eurent devancé, ils se demandèrent entre eux si vraiment ce n'était pas lui. C'était bien sa taille, sa démarche ; il paraissait se hâter, comme quelqu'un qui est poursuivi et qui cherche à se dérober aux regards. Ne trouvant pas hors de vraisemblance que Stanislas se fût imaginé, pour être mieux caché, de s'habiller en mendiant, ils tombèrent d'accord que le petit pauvre auprès duquel ils venaient de passer n'était personne autre que lui.

Ils firent donc promptement retourner les chevaux sur leurs pas, et les conduisirent du côté du pont jeté sur le torrent que Stanislas venait de traverser à pied sec. Ils étaient en vue du saint

jeune homme et n'avaient plus que quelques pas
à faire pour l'atteindre, quand soudain les chevaux
qui avaient montré jusqu'ici tant de vigueur s'ar-
rêtent et refusent d'aller en avant. Tous ceux qui
étaient dans la voiture se mettent à les presser et
à les accabler de coups de fouet. Les chevaux s'ef-
forcent d'avancer, la sueur coule sur leur corps,
et leur bouche est couverte d'écume ; ils ne peuvent
faire un seul pas. Le cocher leur parle, les flatte,
puis s'emporte contre eux et contre lui-même, se
livre à toutes sortes d'imprécations ; il les bat, il
les pousse : les chevaux restent immobiles. Enfin,
les bras lui tombent de fatigue et d'étonnement
et, tout stupéfait, il abandonne les rênes et
s'écrie : « Il y a quelque puissance invisible qui
retient ces chevaux et les empêche d'avancer. Ils
ne sont point fatigués et ils pourraient certainement fournir le double du chemin qu'ils ont déjà
parcouru. » On en eut bientôt la preuve. Les
chevaux ayant été dirigés du côté de Vienne, on
les vit aussitôt prendre leur galop avec une vigueur
nouvelle, et ils furent rendus en très peu de
temps à la ville.

Cette chose extraordinaire frappa vivement Paul
Kostka. On ne sait pas s'il osa dire sur-le-champ
à Bilinski qu'il voyait là un prodige opéré par
Dieu en faveur de son saint frère, dans le but de
protéger sa fuite et de favoriser son entrée dans
la Compagnie de Jésus ; mais, plus tard, quand
il fut converti, il aimait à raconter ce miracle,
et ajoutait : « Je n'aurais jamais voulu faire un
seul pas de plus pour atteindre Stanislas et
pour l'arrêter dans sa fuite [1], tant je fus persuadé en ce moment que Dieu l'appelait à la Compagnie de Jésus ; et quand même j'eusse été
certain de le prendre, je ne l'aurais pas essayé,
tant j'avais peur que Dieu n'intervînt encore pour
défendre son enfant bien-aimé, et n'opérât quelque

[1] Ceci est rapporté par Antoine de Mier, grand aumônier
de l'impératrice Marie, qui fut, ainsi que nous l'avons
déjà dit, condisciple et ami de saint Stanislas. Ce prélat,
qui entendit ces paroles de la bouche de Paul Kostka, assure
que le frère de notre saint fut si épouvanté par ce prodige,
qu'en le racontant il était encore sous le coup de cette impression d'effroi, et qu'il fit le signe de la croix, montrant
par là de quelle frayeur il était saisi au seul souvenir d'une
chose si **extraordinaire**.

nouveau prodige où peut-être j'aurais enfin trouvé le châtiment que méritent ceux qui ne craignent point de s'opposer à son adorable volonté. »

CHAPITRE XXII

Comment saint Stanislas laissa une lettre pour informer
ses parents de sa fuite, et de l'effet merveilleux produit
par la lecture de cette lettre sur les nobles jeunes gens du
collège.

Paul et ceux qui l'accompagnaient rentrèrent
dans l'hotel de Kimberker avec une grande tristesse au fond de l'âme. Tous les domestiques
pleuraient, pensant à la douceur de leur jeune
maître, maintenant perdu pour eux. Tandis que
Bilinski se désolait, ne sachant comment faire
pour apprendre au sénateur Kostka une pareille
nouvelle, on vint lui dire que quelqu'un le demandait. C'était un jeune Hongrois, ami de Stanis-

las. Notre saint estimait beaucoup ce jeune homme à cause de sa piété simple et ardente. Il lui avait donné sa confiance, l'avait mis dans le secret de sa fuite, et l'avait même chargé de venir, le lendemain de son départ, trouver Bilinski et l'informer de tout, dans le cas où celui-ci n'aurait pas trouvé la lettre qu'il avait laissée pour expliquer sa conduite.

Bilinski accueillit l'ami de Stanislas les larmes aux yeux. Alors le jeune Hongrois lui demanda s'il n'avait pas vu un livre d'évangiles placé à dessein par Stanislas en un endroit facile à découvrir, et dans ce livre une lettre où étaient exposés les motifs qui l'avaient déterminé à fuir. Bilinski chercha un instant, et trouva ce que lui disait le jeune homme.

Il ouvrit la lettre et la lut attentivement. Stanislas disait à ses parents que, Dieu l'appelant à son saint service dans la Compagnie de Jésus, il était obligé de quitter Vienne pour obéir aux ordres du Ciel ; et il poursuivait à peu près en ces termes [1] : « Si vous m'aimez, ainsi que votre

[1] Le Père Barth., page 57.

cœur vous y porte naturellement, puisque nous
sommes unis par les liens du sang, vous ne devez
pas me voir avec peine prendre ce parti, ni me
reprocher de ce que je fais tout ce qui est en moi
pour atteindre un bien si grand, qu'il me serait
impossible de vous en souhaiter un autre qui surpasse celui-là. Si je me suis cru obligé de prendre la fuite en secret, ne pensez pas que je l'aie
fait pour fouler sous mes pieds la piété filiale et
l'obéissance. Vous ne pouvez pas nier, sans
doute, que si vous aviez connu à l'avance mes
désirs, vous vous seriez opposés de tout votre
pouvoir à leur exécution. J'étais persuadé de cela,
et j'ai voulu enlever à vous et à moi la possibilité
de désobéir à Dieu. La seule chose que vous puis-
siez m'objecter, c'est d'avoir mieux aimé plaire
au Seigneur qu'à vous. La raison et la piété m'en
faisaient un devoir ; de sorte que, si vous êtes
chrétiens, vous ne pouvez pas vous opposer à la
volonté de Dieu, et si vous voulez être justes envers moi, vous ne pouvez pas m'en vouloir. » En
terminant, Stanislas priait Bilinski de remettre

cette lettre à son frère, afin que celui-ci voulût bien l'envoyer en Pologne à ses parents.

Bilinski fut saisi d'une grande inquiétude; et il se hâta de communiquer la lettre au frère de Stanislas. Paul la lut et ne fut pas étonné ; car, après avoir vu la manière dont Dieu avait protégé son frère dans sa fuite, il n'avait aucun doute que, conduit par le Ciel, le saint jeune homme ne fût allé frapper à la porte de quelque maison religieuse. Il partagea toutefois les craintes du gouverneur à la pensée qu'il faudrait communiquer cette lettre à son père. Ils s'entendirent donc tous deux sur la manière dont ils allaient faire part de ce grave événement au sénateur Kostka.

Cependant on ne parlait à Vienne que du départ de Stanislas. On savait que son frère, allant après lui pour le rejoindre et pour le ramener à la maison, avait été arrêté par un prodige. On allait jusqu'à parler de la manière dont le démon avait révélé au luthérien en quel lieu était le saint jeune homme, le soir où, inquiets et désolés, son frère, son gouverneur et ses domestiques le cherchaient. Dans le collège surtout, on s'entretenait de ces choses. La lettre si édifiante que Stanislas avait laissée pour sa famille ayant été confiée à quelques jeunes gens de ses amis, elle passa de main en main à un très grand nombre de personnes. Tout le monde voulait la lire. Elle excita la plus vive admiration dans le cœur de ces nobles jeunes gens, qui aimaient déjà tant Stanislas et qui le vénéraient comme un saint.

Ils n'étaient pas surpris, au reste, de le voir embrasser la vie religieuse et se consacrer tout entier au service du Seigneur. Ils connaissaient sa vie mortifiée ; ils savaient de quels héroïques sacrifices son amour pour Dieu le rendait capable, et n'ignoraient pas combien il avait de dégoût pour le monde. Ils avaient vu reluire, en quelque sorte dans toutes ses œuvres, sa chère maxime : « Je ne veux pas m'occuper des choses de la terre, puisque je ne suis pas né pour elles. Je suis né pour les choses du ciel ; à celles-ci seulement je veux donner tous mes soins. » Ainsi, personne n'était étonné de lui voir prendre le parti de quitter le monde pour se donner à Dieu. Cependant on ne pouvait pas se défendre d'admirer ce tout jeune homme qui n'avait que dix-sept ans, et qui renonçait à sa noble famille pour s'en aller mendier son pain, habillé en pauvre, ne sachant pas quand se terminerait son voyage, ni si, après avoir fait à pied tout le chemin qu'il y a de Vienne à Rome, on voudrait enfin lui ouvrir la porte de la Compagnie de Jésus.

Tous ces jeunes gens du collège, réfléchissant sur l'exemple de courage et de force que Stanislas leur donnait, ne pouvaient contenir leur enthousiasme, et n'avaient pas de parole pour exprimer tout ce que cette conduite leur inspirait d'admiration. En eux-mêmes ils se sentaient involontairement animés à servir désormais avec plus de fidélité un Dieu qui mérite qu'on fasse de si grandes choses pour son amour.

CHAPITRE XXIII

Comment la lettre de saint Stanislas fut envoyée au sénateur
Kostka, puis du dessein que celui-ci forma de se venger
des jésuites et de son fils.

Cependant Stanislas poursuivait sa route, l'âme
pleine de reconnaissance envers Dieu, qui faisait
ainsi éclater les prodiges sous ses pas. Il s'était
imposé de parcourir trente milles chaque journée,
afin d'arriver au plus tôt à Augsbourg. On sait
qu'on compte plus de quatre cent cinquante milles
de Vienne à cette ville.

Le sénateur Kostka ne tarda pas à recevoir la
lettre de son fils, que Bilinski lui avait envoyée

en Pologne, au château de Kostkow. A quelques jours de là, une autre lettre lui fut remise, elle était de Paul Kostka. Ce jeune homme racontait à son père que Stanislas s'était enfui à l'insu de tout le monde ; qu'aussitôt qu'on s'était aperçu de la chose, on avait pris une voiture pour le poursuivre en toute hâte, qu'on l'avait atteint, qu'on avait même passé près de lui ; mais qu'habillé en pauvre et couvert de haillons, il n'avait pas été reconnu d'abord ; qu'on avait fini par s'imaginer qu'il pouvait être caché sous ce déguisement ; qu'on avait, à cause de cela, fait revenir les chevaux sur leurs pas, mais qu'étant près de l'atteindre les chevaux avaient été retenus par une force cachée, et que rien n'avait pu les faire avancer davantage. Paul ajoutait qu'en cela il ne pouvait s'empêcher de voir un prodige par lequel Dieu se déclarait en faveur de son frère et approuvait son dessein. Enfin, dans cette lettre, il s'efforçait de montrer à son père qu'il n'avait rien à se reprocher à l'égard de Stanislas, et qu'il avait fait tout ce qui avait dépendu de lui pour le conserver à son amour.

Le luthérien Kimberker écrivit aussi dans le

même sens au sénateur. Bilinski, qui se sentait le plus responsable de tous, ne manqua pas d'écrire de son côté. Pacifici, le vieux domestique de confiance qui avait été donné aux deux jeunes gens à leur départ de Kostkow, fit aussi une lettre.

Le sénateur Kostka, recevant ces lettres les unes après les autres, ne pouvait revenir de son étonnement. Ce qui lui parut le plus clair, c'est que son fils était pour lui perdu. Il pensa que les Pères jésuites le lui avaient enlevé. Quant aux prodiges dont on lui parlait, il n'y voulut pas croire, et regarda tout cela comme des inventions faites par ceux qui, se sentant coupables de n'avoir pas veillé sur Stanislas et de se l'être laissé ravir, éprouvaient le besoin de se disculper à ses yeux d'une pareille négligence.

On ne saurait dire combien grande fut la tristesse de ce vieillard. Blessé profondément dans son cœur par la perte d'un fils qu'il aimait si tendrement, il pensait, en outre, au déshonneur qu'une pareille chose allait causer à sa famille. Il avait malheureusement l'esprit rempli des préjugés du monde, et ignorait que, depuis qu'il a plu à Dieu de se faire pauvre, on ne perd pas son honneur en se mettant à mendier afin de lui ressembler. Le sénateur Kostka se représentait donc vivement, avec ses fausses idées, l'effet que produirait sur toute la noblesse de Pologne la connaissance de cette affaire. Quelle honte pour lui, quand on viendrait à savoir que son fils avait foulé aux pieds la gloire de sa maison, et errait, comme un vagabond, sans feu ni lieu, avec des haillons sur le corps, demandant son pain aux portes, dans l'Allemagne et dans l'Italie, disposé à traîner ainsi dans la boue, à travers le monde entier, le blason de sa noble famille ! Il se figurait voir tous ceux qui passaient le montrer au doigt et dire : « Ce pauvre est de la famille Kostka. »

Et bientôt à ces craintes de l'orgueil se mêlaient les alarmes de la tendresse paternelle. Il pleurait amèrement sur cet enfant perdu, abandonné sur les grands chemins, sans pain, sans chaussures, sans demeure, exposé à tous les dangers, lui qu'il avait élevé avec tant de soins. Le souvenir de tout ce qu'il avait fait pour lui dans son enfance, la sollicitude dont il l'avait toujours entouré, ne

souffrant jamais que rien lui manquât, l'amitié
dont le saint enfant le payait de retour, et ces
choses du cœur qui viennent d'elles-mêmes se
présenter à la pensée quand a disparu l'objet de
tant d'amour, tout enfin contribuait à accabler le
sénateur de tristesse.

Il rejetait sans doute une partie de son malheur
sur l'incurie de ceux auxquels il avait confié Stanislas, mais il pensait aussi que les jésuites surtout en étaient la cause. C'est donc sur eux qu'il
fit tomber toute sa colère. Il se plaignit hautement
de ce que ces religieux avaient osé enlever un
enfant à son père et à sa famille ; il les accusa de
cruauté, disant qu'il fallait être dépourvu de tout
sentiment d'humanité pour faire aller à pied, du
fond de la Pologne jusqu'à Rome, un jeune homme
si frêle, si délicat, ne lui donnant aucune ressource,
mais le laissant, comme un vil esclave, chercher
son pain et recevoir l'aumône de ceux à qui sa
misère ferait pitié.

Le sénateur Kostka écrivit au cardinal Osius
une lettre où il épanchait toute l'indignation de
son âme. Entre autres choses, il disait qu'il saurait

tirer une telle vengeance de Stanislas et de la Compagnie, qu'on comprendrait combien la famille
Kostka s'était sentie blessée et injuriée dans son
honneur en voyant un de ses membres renier son
sang et oser attirer sur lui les regards de l'Allemagne et de l'Italie, en se faisant mendiant et en
n'ayant pas honte de tendre la main ; que les jésuites étaient la cause de son malheur, et qu'en
conséquence, ceux qui résidaient à Pultusk [1]
pouvaient bien s'attendre à le voir employer tous
les moyens pour les expulser, et qu'une fois dehors, il se promettait de faire en sorte que, de
son vivant du moins, aucun Père de la Compagnie
de Jésus ne mît le pied en Pologne. Il ajoutait, au
sujet de Stanislas, qu'il saurait bien le trouver, en
quelque lieu qu'il se fût enfui et qu'il ne mourrait
content que quand il l'aurait vu traverser la Pologne d'un bout à l'autre, chargé de fers [2].

[1] Les Pères de la Compagnie de Jésus avaient à Pultusk
un collège fondé depuis deux ans par André Noscowski,
évêque de cette ville.

[2] *Vie de saint Stanislas,* par un Père de la Compagnie
de Jésus, p. 727.

CHAPITRE XXIV

Comment saint Stanislas, arrivé à Augsbourg, ne trouva pas le Père Canisius, puis comment il partit immédiatement pour Dilinghem ; enfin comment il reçut encore la communion de la main d'un ange.

Stanislas arriva enfin à Augsbourg. Il alla tout de suite à la maison des jésuites demander le Père Canisius. On lui dit que ce Père était absent. Nullement ému de ce contretemps, il s'enquit avec douceur s'il devait bientôt revenir et en quel endroit il était allé. On lui répondit qu'il était à Dilinghem. Cette ville n'est éloignée d'Augsbourg que d'une journée de chemin.

Malgré sa fatigue, Stanislas ne balança pas

 6.

un instant, et se mit de nouveau en route avec un courage étonnant. Vraiment, dit un pieux auteur [1], il est impossible de ne pas s'attendrir, en voyant une telle constance dans un jeune homme d'un âge encore si peu avancé, et on se sent l'âme remplie de la plus grande admiration.

Fidèle à sa résolution, chaque jour il avait fait ses trente milles de chemin, et quelquefois plus encore, sous un soleil ardent, au milieu des chaleurs de la canicule, ne vivant que d'aumônes c'est-à-dire que de pain et d'eau, et encore ne trouvant pas ces choses au moment où ses forces épuisées les demandaient, couché la plupart du temps sur la terre nue, et n'ayant que la voûte du ciel pour abri ; toujours gai cependant, vif et plein d'ardeur, employant toutes les heures de la journée à méditer sur les grandeurs de Dieu, ou bien encore tenant dans sa main un rosaire et louant avec des pleurs, des soupirs d'amour et les paroles les plus pieuses, la Reine du ciel, sa mère, invitant son ange gardien à la bénir avec lui, sans

[1] Le Père Longaro, p. 42.

ralentir un instant sa marche et sans s'asseoir sur le bord de la route afin de se reposer ; tant l'amour qu'il avait pour Dieu lui donnait de courage, et tant il puisait d'énergie dans le désir qu'il avait de lui plaire et d'accomplir sa très sainte volonté !

Aussi, dit un auteur [1], il acquérait autant de mérites qu'il faisait de pas sur la terre, et les anges lui préparaient autant de couronnes, parce qu'il ne cherchait pas autre chose que le Seigneur, et allait où la sainte Vierge lui avait dit de se rendre.

Parti à midi d'Augsbourg, Stanislas marcha jusqu'au soir. Après avoir donné quelques heures au sommeil, il se livra à l'oraison, selon sa coutume, et quand le jour fut venu, il reprit sa route, heureux de pouvoir se dire que la nuit n'arriverait pas avant qu'il eût vu le Provincial. Soupirant toujours après le pain des anges, sa divine Eucharistie, qu'il aimait d'un amour indicible, il ne mangea point le morceau de pain qu'on lui avait

[1] Le Père Barth., p. 89.

donné, dans l'espérance de rencontrer bientôt sur son chemin quelque église. Ses yeux attentifs cherchaient à en découvrir une dans la campagne.

Au bout de quelque temps, il aperçut enfin un village. Ne se sentant plus de joie, il redouble de vitesse et arrive bientôt près de l'église, où entrait une foule de paysans qui paraissaient se rendre à la sainte messe. Le pieux jeune homme se hâta d'entrer aussi et se mit à genoux avec son recueillement accoutumé. Mais quand il eut fait quelques prières, regardant tout à coup autour de lui, il s'aperçut qu'il était dans un temple de luthériens. Ce fut une grande déception pour Stanislas, qui croyait trouver là le sacrement de son amour et pouvoir s'asseoir à la table des anges. Il versa des larmes de regret.

Mais, outre cette douleur d'être privé de la communion, le saint jeune homme éprouvait une peine peut-être plus sensible encore. Dans l'âme des saints, il y a un si grand amour pour l'Église, ce noble amour est quelque chose d'inné en eux, et de si fortement enraciné, qu'ils sont blessés jusqu'au fond de leur cœur, quand ils ont sous les yeux le plus petit spectacle de désobéissance à celle qu'ils reconnaissent pour leur mère [1]. Ce qui affligeait Stanislas au plus haut point, c'était donc de voir entre les mains des hérétiques un lieu consacré au culte de l'Église romaine. Toutefois Dieu ne voulut pas laisser couler longtemps les larmes de son enfant; il daigna encore une fois prendre la peine de les essuyer lui-même.

Si les hérétiques s'étaient attaqués au Dieu de miséricorde qui habite la terre, caché, à l'autel, sous les voiles eucharistiques, et s'ils l'avaient mis hors de son temple, ils n'avaient pas pu atteindre le Dieu qui règne dans les cieux, ni lui ôter la puissance de faire du bien à ceux qui sont dans l'affliction. Voici donc ce qui arriva [2]. Pendant que

[1] Cette piété filiale envers la sainte Église romaine est vraiment un des traits qui caractérisent tous les saints ; et il n'y a pas jusqu'à notre bienheureux Benoît-Joseph Labre qui, lui aussi, menant pour plaire à Dieu, la vie de pèlerin, ne sentit son âme vivement désolée par le spectacle de l'hérésie, au point que pour éviter de passer dans les pays infectés de ce mal, il n'hésitait pas de faire un détour de deux ou trois cents lieues.

[2] Ce fait miraculeux fut attesté par Paul à Prasniz, en

Stanislas pleurait et était inconsolable à la vue des outrages que les hérétiques font à Dieu, et de la noire ingratitude dont ils se rendent coupables en reniant l'Église leur mère, une troupe d'anges lui apparut : lui seul les vit. Ces anges avaient une telle beauté, dit un auteur [1], qu'il était impossible de ne pas les prendre pour des personnages du paradis. Et ces esprits célestes accompagnaient un autre ange plus majestueux qu'eux tous, et plus brillant. Rangés en cercle autour de lui ils se tenaient dans l'attitude de l'adoration. C'est que cet ange si radieux tenait entre ses mains une sainte hostie. Tout à coup l'ange qui portait la divine Eucharistie quitta son imposant cortège, fit quelques pas en avant, alla à Stanislas, et lui [1] donna la communion. Et tous les anges remontèrent au ciel, laissant le bienheureux enfant sur la terre avec son Dieu.

1603. Bilinski en parle dans plusieurs procès. Le Père Jérôme Stefanowski, dans le *Procès de Posen*, art 8.

[1] *Vie de saint Stanislas*, par un Père de la Compagnie de Jésus, p. 42. « *E belli quanto non potea dubitar che non fossero personnagi del paradiso.* »

Il est impossible de dire toutes les larmes de douceur qu'un pareil bienfait lui fit répandre. Son âme sainte était profondément touchée par cette attention délicate de son Dieu, qui ne voulait pas qu'il eût en vain soupiré après l'adorable Eucharistie, et qui remuait ainsi en quelque sorte le ciel pour le consoler, et pour lui donner une joie proportionnée à la tristesse que son cœur avait éprouvée dans ce temple d'hérétiques.

Stanislas se releva, inondé de consolations ineffables, et, fortifié par ce pain céleste, il reprit sa route, disposé plus que jamais à parcourir le monde entier, si cela était le bon plaisir de Dieu.

En quelques heures il arriva à Dilinghem.

CHAPITRE XXV

**Comment saint Stanislas fut reçu par le Père Canisius, et
comment il servit les élèves du collège de Dilinghem.**

La première chose que fit Stanislas en entrant
dans la ville fut de se rendre au collège des jésuites, afin de voir le Père Canisius. Il eut le
bonheur d'être aussitôt introduit auprès de lui.

Ce Provincial était vraiment un homme de Dieu.
Il s'était acquis une grande réputation par ses
nombreuses victoires remportées sur les hérétiques, et avait bien mérité de la religion catholique. On le saluait partout du nom d'apôtre de
l'Allemagne. Quand il vit le pieux jeune homme
se mettre à genoux à ses pieds, avec une modes-

stie et une humilité trè touchantes, avant de
savoir qui il était, le Père Canisius lut sur son
front tout ce qu'il y avait de candeur et d'innocence dans son âme, et comprit que Dieu devait
avoir pour lui un amour de prédilection.

Mais quand il eut ouvert la lettre du Père Antoine que Stanislas lui remit, et qu'il eut connu
à quelle famille noble il appartenait, combien se
vertus étaient admirables et de quelle estime il
jouissait à Vienne, le Provincial éprouva une
grande joie spirituelle. Il admira la puissance de
la grâce de Dieu, qui avait fait abandonner à ce
jeune homme sa patrie, ses parents et tout ce qu'il
pouvait espérer dans le monde, pour revêtir
l'humble habit de la Compagnie de Jésus. Sa
fuite en secret, la longueur du chemin qu'il venait
de parcourir à pied et sans aucune ressource,
toutes ces choses attendrirent son âme de saint.

Il embrassa Stanislas avec effusion et le tint
longtemps serré sur son cœur. Il le fit ensuite
parler, et ne tarda pas à être convaincu que Stanislas était doué de qualités encore plus grandes
que celles dont le Père Antoine l'entretenait dans

sa lettre. Le saint jeune homme en effet, avec cette aimable candeur qui accompagne toujours l'humilité, lui découvrit toute sa conscience, lui raconta les grâces que Dieu lui avait faites, lui parla de sa vocation à la Compagnie de Jésus, et l'assura que la sainte Vierge était venue du ciel pour lui dire d'entrer dans ce saint ordre. Il lui apprit toutes les démarches qu'il avait déjà faites, pour obéir à la Mère de Dieu. Enfin, il le pria par le Cœur sacré de Jésus-Christ, qui avait répandu tout son sang, et par l'amour de la très sainte Vierge Marie, d'être assez bon pour lui accorder la consolation de l'admettre dans la Compagnie ; et bientôt, l'émotion le gagnant, les sanglots rendirent ce qu'il disait incompréhensible, et finirent par l'interrompre tout à fait ; de sorte que le cœur le plus dur qui l'aurait vu et entendu alors n'aurait pas pu y tenir [1].

Canisius fut ému. Plein d'admiration pour la grande vertu de ce jeune homme, il le pressa de

[1] « Troncata la parola diede in un dirotissimo pianto, che intenerito avrebbe qualunque piu duro cuore. » Le Père Longaro, page 46.

nouveau contre son cœur, le consola et lui fit espérer que bientôt la faveur après laquelle il soupirait avec tant d'ardeur lui sera accordée. En
attendant, il l'exhorta à s'abandonner entre les
bras de Dieu et de la sainte Vierge, sa mère bien-
aimée, et à mettre en eux toute sa confiance,
l'assurant que, de son côté, il s'emploierait de son
mieux afin de faire réussir son projet.

Le Père Canisius avait une grande prudence ; il
savait que, pour se rendre bien compte de la valeur des hommes et pour discerner ce dont ils
sont capables, il est nécessaire de les mettre
quelque temps à l'épreuve. Il n'ignorait pas que
les jeunes gens quelquefois, entreprenant avec
courage des choses qui sont au-dessus de leurs
forces, manquent ensuite de constance pour les
exécuter, et qu'ainsi, après avoir brisé les liens
qui les attachaient à leur famille et vaincu les
plus grands obstacles, il leur devient impossible
de supporter la vie de sacrifice et de renoncement
qu'on mène dans les maisons religieuses.

Ce vénérable Provincial voulut donc faire passer Stanislas par l'épreuve, afin de bien voir sur-

tout ce qu'il y avait d'humilité dans son âme, et de s'assurer à quelle profondeur la grande vertu chrétienne par excellence y était enracinée.

Il y avait à Dilinghem un collège dirigé par la Compagnie, où les jeunes gens des plus grandes familles se trouvaient réunis. Le nombre des élèves était très considérable, et cette maison d'éducation si florissante avait été mise sous la protection de saint Jérôme, docteur de l'Église.

Le Père Canisius eut la pensée d'envoyer Stanislas dans ce collège, afin qu'il y passât quelque temps en qualité de domestique. Son office devait être d'aider à la cuisine les autres serviteurs qui préparaient les repas de a communauté. Il espérait que cela n'aurait pas seulement l'avantage de montrer la vertu de Stanislas, mais que les jeunes gens du collège en retireraient de l'utilité, par l'exemple édifiant qu'ils auraient sous les yeux d'un jeune homme, noble comme eux, qui consentait à les servir, afin de mériter par là d'entrer dans la Compagnie de Jésus.

Il fit donc la proposition à Stanislas, qui l'accueillit tout de suite avec empressement. Ce saint jeune homme éprouvait un grand contentement de s'abaisser ainsi pour plaire à Dieu et pour imiter Jésus-Christ en quelque manière dans son incompréhensible humilité. Dès le lendemain, il fit donc son service d'aide de cuisine. On assure qu'il accomplissait avec un cœur admirable les devoirs de sa nouvelle position. C'était un plaisir de voir la manière dont il s'y prenait. Il y allait avec une si grande bonne volonté, qu'on aurait cru qu'il n'avait fait que cela toute sa vie, qu'il était né parmi les domestiques et qu'il avait été élevé au milieu d'eux.

Seulement, le grand soin qu'il avait de tout, l'activité qu'il montrait et sa ponctualité à exécuter les ordres qui lui étaient donnés faisaient honte aux autres serviteurs. Ceux-ci, qui étaient souvent coupables de négligence, voyaient d'un mauvais œil l'admirable jeune homme et le querellaient à chaque instant. On dit qu'il eut beaucoup à endurer de leur méchanceté, et quoiqu'on n'entre dans aucun détail pour faire connaître de quelle manière les domestiques le tourmentaient, on assure que, pendant les trois semaines qu'il passa à ce service, il fut en butte à toutes sortes de mauvais traitements, et qu'en vérité il semblait bien que Dieu l'eût envoyé là pour lui faire acquérir une belle couronne de patience [1].

Stanislas devint bientôt un objet d'admiration pour tous les jeunes gens du collège. La première fois qu'il était venu les servir à table, il s'était présenté avec un extérieur si humble, il avait offert les choses qu'on lui demandait avec un air si doux, il avait montré une intelligence et une attention si délicates à tous les signes qui lui étaient faits; et puis, sans le vouloir, ne pouvant pas se dépouiller de ses manières distinguées, il avait accompagné le moindre de ses mouvements de tant de grâce et de modestie, qu'il avait tout de suite attiré sur lui l'attention de tout le monde.

On ne fut pas longtemps sans soupçonner que le petit domestique devait être autre chose. Il suffisait, en effet, de voir cette figure angélique, pour se sentir porté à la vénération et pour être

---

[1] « Multa perpessum, ita ut a Domino Deo, pro obtinenda corona, missus videretur. » *Proc.* 1 *Caliss.*, page 38.

assuré que ce vêtement de serviteur couvrait quelque grand saint ou même quelque ange venu du ciel. Comme les jeunes gens savent toujours si bien s'informer des choses, qu'ils parviennent à les connaître, ils finirent donc par apprendre que Stanislas appartenait à une famille distinguée, qu'il les servait volontairement, et qu'il faisait cela dans l'espoir d'entrer dans la Compagnie de Jésus. Leur admiration fut au comble quand ils découvrirent ce prodigieux mystère d'humilité. Ils trouvaient si belle une pareille conduite, qu'ils ne savaient comment exprimer leur étonnement. Ce qui les mettait hors d'eux-mêmes, c'était ce voyage si long qu'il venait de faire à pied, en mendiant, après avoir renoncé aux avantages de son rang, se trouvant plus heureux dans l'humiliation que dans les beaux châteaux de son père. Touchés par un si grand exemple, ces jeunes gens commencèrent à vivre d'une manière plus chrétienne, et plusieurs d'entre eux, témoins de sa conduite toute céleste, voulurent quitter le monde et se faire religieux.

Mais Stanislas, qui avait reçu du Père Canisius

l'espérance d'être bientôt admis dans la Compagnie, était toujours en suspens et attendait que ce saint Provincial voulût bien accéder enfin à ses désirs. Il ne cessait de supplier nuit et jour son Dieu de daigner lui faire cette grâce. Afin de donner à ses prières plus d'efficacité et de mériter qu'elles fussent mieux accueillies du Seigneur, il se livrait à de grandes pénitences et aux plus rudes mortifications, jeûnant tous les jours avec une extrême rigueur. Comme on ne le voyait presque jamais prendre de nourriture, on avait coutume de dire: «Stanislas ne mange ni ne boit, et il travaille rudement toute la journée [1]. » Les jeunes gens du collège répétaient souvent ces mots. Enfin il prolongeait bien avant dans la nuit ses veilles, faisait un usage presque continuel des chaînes de fer et des cilices, et se déchirait le corps, pendant un temps considérable, à coups de discipline.

[1] *Procès de Posen.*

CHAPITRE XXVI

Comment saint Stanislas est envoyé à Rome, et de l'accueil
plein de bonté que lui fit le Père général ; enfin comment
il prit l'habit de novice.

Trois semaines s'étaient déjà écoulées depuis
l'entrée de Stanislas dans le collège de Dilinghem.
Le Père Canisius jugea que l'épreuve avait été
assez longue, et appela auprès de lui le saint jeune
homme. Pensant que plus on l'éloignerait de la
Pologne, plus son père se trouverait embarrassé
pour le faire revenir, le vénérable Provincial avait
décidé de l'envoyer à Rome. Il lui annonça donc
sa résolution : « Il vous reste à faire une bien
longue route, mon enfant, et vous aurez de grandes

fatigues à endurer ; mais j'ai pensé que cet éloignement vous mettrait à l'abri des persécutions de votre famille. Deux jeunes frères de notre Compagnie vont faire ce voyage ; vous les accompagnerez. Le Père général François de Borgia vous recevra. »

Stanislas n'eut aucune répugnance à suivre cet avis ; disposé à tout entreprendre, il ne redoutait aucune souffrance. Il remercia donc avec effusion le Père Canisius. Ce vénérable Provincial ne voulant pas le laisser partir avec les vêtements si pauvres qu'il avait apportés de Vienne et qu'il avait usés dans la route, lui en fit donner de meilleurs, et s'empressa d'écrire une lettre au Père général, pour lui recommander les trois jeunes gens qu'il lui envoyait. Voici la partie de la lettre qui concerne Stanislas :

« Le troisième que nous vous envoyons est Stanislas, jeune Polonais, aussi distingué par sa naissance et ses vertus que par son ardeur pour l'étude. Nos Pères de Vienne n'ont pas osé l'admettre dans leur noviciat, de peur d'irriter sa famille. Il vint à nous avec l'intention de satisfaire le désir qu'il avait depuis longtemps d'entrer dans la Compagnie (car, avant que nous l'eussions accueilli, il s'était déjà pleinement attaché à notre société, et cela depuis plusieurs années). A Dilinghem il a été éprouvé quelque temps parmi nos frères ; on l'a toujours trouvé fidèle à ses emplois et ferme dans sa vocation. Cependant il souhaitait vivement être envoyé à Rome, pour s'éloigner davantage des siens, dont il redoute la persécution, et faire de plus grands progrès dans la vertu. Jamais, jusqu'ici il n'a vécu parmi nos novices ; mais il pourra être présenté à ceux de Rome comme un modèle parfait des vertus de leur état. Nous fondons sur lui les plus magnifiques espérances. Votre Paternité ne sera pas fâchée, je l'espère, de le voir venir à elle sans un ordre de sa part ; mais l'occasion se présentait d'elle-même, et le jeune postulant d'ailleurs, qui jamais n'a été complètement admis parmi nous, avait manifesté le désir qu'il en fût ainsi[1]. »

[1] Voici l'original de cette lettre écrite en latin ; on le conserve dans la chambre où mourut saint Stanislas. C'est là que nous l'avons copié avec un pieux respect, autant à

Stanislas, voyant le moment du départ arrivé, alla trouver le Père Provincial, et s'efforça de lui témoigner combien il était sensible à toutes les bontés dont il l'avait comblé. On ne saurait dire

cause de notre admirable saint qu'à cause du célèbre religieux qui l'a écrite, et qui allait bientôt être mis par l'Église sur les autels. Nous ne pouvions nous empêcher d'admirer les desseins adorables de la divine Providence, qui élevait au rang des saints, presque aussitôt après sa mort, un jeune homme de dix-huit ans, et qui, avant d'accorder la même faveur à un homme apostolique bien plus avancé en âge et d'une vertu consommée, avait attendu plusieurs siècles :

« Tertius mittitur Stanislaus polonus, nobilis, probus et studiosus adolescens, quem Viennenses nostri novitium recipere ausi non fuerunt, ut ne familiam ejus exacerbare viderentur. Cum venisset ad nos, et cuperet explere votum diuturnum (nam ante annos aliquot se Societati, priusquam admissus esset, plane devovit), Dilingæ in convictorum collegio fuit probatus ad tempus, seque in ministerio fidum et in vocatione constantem semper præbuit. Optabat interim Romam mitti, ut a suis, quorum persecutionem metuebat, longius abesset majoresque progressus faceret in pietate. Inter novitios nostros nunquam vixit, quibus isthic poterit adhiberi ut justum tyrocinii sui specimen præbeat. Nos de illo præclara speramus. Neque moleste feret Paternitas tua, uti confido, hunc injussum accedere, non solum quia hæc mittendi se obtulit occasio, verum etiam quod ipse nondum a nobis omnino receptus ita fieri desideraret. »

l'affection pieuse que Canisius montra alors à ce cher enfant. Ils se jetèrent dans les bras l'un de l'autre, et pleurèrent longtemps ensemble, se parlant plus avec le cœur qu'avec les lèvres[1].

A la fin de septembre, Stanislas se mit donc en route pour se rendre à Rome à pied, accompagné des deux jeunes religieux dont nous avons parlé.

Le pieux auteur que nous nous plaisons à citer dit[2] ici que celui qui les aurait vus tous les trois marcher à grands pas vers la cité sainte dans un recueillement admirable, aurait involontairement pensé aux trois anges que le Seigneur envoya à Abraham sous la figure de voyageurs. A toutes les heures du jour était attachée une occupation particulière. Les premières étaient consacrées à l'oraison ; chacun gardait alors le plus grand silence, s'entretenant avec Dieu au fond de son cœur. Ils employaient une autre partie du temps à louer ensemble la sainte Vierge, en récitant le rosaire et

----

[1] « Scambievoli furon gli abbracciamenti e le lacrime nel distaccarsi l'uno dall'altro, e piu si parlaron col cuore, che colla lingua. » Le Père Longaro, page 51.

[2] Le Père Longaro, page 51.

beaucoup d'autres prières en l'honneur de la Reine des anges. Puis, quand ces saintes invocations étaient terminées et qu'ils avaient fini de s'entretenir avec le Ciel, ils faisaient leur examen de conscience et lisaient ensuite quelque livre de dévotion. Enfin ils terminaient par une conversation sur les choses de Dieu. Alors ils se faisaient part des lumières spirituelles que le Seigneur daignait leur accorder, et s'animaient ainsi à l'amour de leur divin Maître.

C'est de la sorte que ces jeunes gens passèrent tout le temps de leur voyage. Durant les huit cents milles qu'il leur fallut parcourir pour se rendre à Rome, en mendiant leur pain, ils n'éprouvèrent pas un seul instant d'ennui. Les deux religieux racontent que Stanislas avait toujours l'âme contente, et qu'il répandait une joie singulièrement suave dans leurs entretiens. Chacune de ses paroles avait une grande douceur et une vertu remarquable pour élever l'âme à Dieu et lui inspirer l'amour des choses célestes. Ils rapportent aussi qu'il leur arrivait de rencontrer de temps en temps sur leur chemin quelque image de la sainte Vierge.

Stanislas, qui l'apercevait toujours le premier, ralentissait alors sa marche, sans rien dire ; et, quand il se voyait un peu derrière eux, il s'approchait de la chère image et la regardait avec des yeux pleins de tendresse, et les plus pieuses paroles venaient se presser sur ses lèvres : on eût dit qu'il avait devant lui la sainte Vierge elle-même, au lieu de son image. Puis, quand il avait satisfait sa dévotion et répandu des larmes, il la saluait avec un respect et un amour indicibles, et revenait doucement auprès de ses compagnons.

Le 25 octobre de l'année 1567, Stanislas arriva heureusement à Rome, ainsi que les jeunes gens qui étaient avec lui. Deux mois et demi s'étaient écoulés depuis son départ de Vienne, et il avait fait à pied, dans ce court espace de temps, plus de 1,250 milles[1].

Il se présenta aussitôt à la maison professe. Le général de la Compagnie, François de Borgia, ayant lu la lettre du Père Canisius, reçut Stanislas avec bonté. L'émotion le saisit quand il vit le saint

____

[1] 1,862 kilomètres ou 465 lieues.

jeune homme à ses pieds, couvert de vêtements si pauvres, et lui demandant avec une modestie et une humilité d'ange, en versant des larmes, la faveur d'être reçu dans la Compagnie. Il sentit naître dans son cœur une affection singulière pour Stanislas; et pensant à l'innocence angélique et à la grande vertu de ce tout jeune homme, à peine âgé de dix-huit ans, peu s'en fallut qu'il ne se couvrît la figure de ses deux mains, par la confusion qu'il avait de se trouver, comme cela est la coutume des saints, si dépourvu de vertus, quoique déjà avancé en âge [1].

Le vénérable supérieur général se hâta de faire relever Stanislas, et, avec la tendresse d'un père, il le pressa contre sa poitrine, bénissant la divine bonté de ce qu'elle daignait faire un présent si précieux à la Compagnie. Il voulut que ce jeune homme angélique lui apprît jusque dans les plus petits détails la manière dont Dieu l'avait porté à choisir ce saint ordre, et comment la sainte Vierge était intervenue en cette affaire ; il se fit rendre compte de toutes les peines qu'il avait endurées

[1] Le Père Longaro. page 52.

pour exécuter l'adorable volonté de Dieu, de toutes
les fatigues d'un si long voyage, et des faveurs dont
le Ciel l'avait favorisé. Il apprit avec attendrissement que des anges lui avaient apporté deux fois
la sainte communion. Voyant Dieu clairement dans
cette vocation, et persuadé que le saint jeune
homme, malgré tout ce qu'il avait souffert jusqu'ici,
était disposé à endurer des maux plus grands encore, si cela était nécessaire pour arriver au terme
de ses désirs, il ne pensa pas qu'il fallût différer
plus longtemps de lui accorder cette faveur. Deux
jours après son arrivée, il lui ouvrit donc la porte
du noviciat, et Stanislas prit l'habit le 28 octobre,
jour de la fête de saint Simon et de saint Jude[1].

[1] On conserve à Rome, dans les archives de la maison
professe, un registre où sont inscrits non seulement les
noms de ceux qui entrent dans la Compagnie, mais encore
le jour où ils commencent leur noviciat, et les différents
objets qu'ils ont apportés avec eux. Voici ce qu'on lit pour
saint Stanislas:

« Venit domum die 25 octobris MDLXVII, fuitque exami-
natus ut indifferens; et cum nullum haberet impedimen-
tum, obtulit se paratum ad ea omnia, quæ sibi in examine
proposita fuerunt. Attulit secum un ferraiuoletto con un
bavaretto di velluto. »

CHAPITRE XXVII

Comment saint Stanislas brilla au milieu des hommes les
plus distingués qui étaient dans le noviciat, et comment
il fit les exercices spirituels de saint Ignace.

Nous ne croyons pas qu'il soit hors de propos
de parler ici des hommes illustres qui étaient dans
e noviciat de Rome, quand Stanislas y fut admis.
Nous devons faire connaître notre saint le mieux
qu'il nous est possible, et nous pensons que cela
contribuera à montrer de quels dons admirables
Dieu se plut à le combler; car, s'il brilla au milieu
de toute la sainteté dont l'ordre était rempli quand
il eut le bonheur d'y être reçu, s'il attira sur lui
les yeux des hommes les plus distingués sous le
rapport de la vertu et de la science, et s'il fut en-

touré de leur vénération, c'est que véritablement il eut une vertu extraordinaire.

La Compagnie n'avait pas à Rome une maison de probation assez grande pour contenir les nombreux sujets, qui venaient de toutes les parties de l'Europe demander humblement à être les fils du glorieux saint Ignace. C'est pourquoi les novices étaient dispersés dans plusieurs endroits de la ville. Le plus grand nombre habitaient dans la maison professe, appelée alors Sainte-Marie-du-Chemin, et ensuite nommée le Gesù, à cause de l'église qu'on bâtit auprès et qui reçut ce nom. Les autres résidaient à Saint-André *di monte Cavallo*. Cet endroit, spécialement destiné au noviciat, était beaucoup trop étroit. Enfin le reste demeurait au Collège romain, et se composait de ceux qui, ayant terminé leur première année de probation, se livraient aux études. Ces trois maisons furent sanctifiées par la présence de Stanislas. Il fut reçu, ainsi qu'on l'a vu, dans la maison professe; puis, peu de temps après, on le fit venir au Collège romain; enfin il passa de là au noviciat de Saint-André, où il mourut.

Or, l'année où Stanislas vint à Rome, le noviciat se trouvait rempli par tout ce qu'il y avait de plus illustre en ce temps. La sainteté, la science, la noblesse y abondaient ; on aurait dit que tous les hommes distingués s'étaient donné le mot pour venir se placer sous la règle de saint Ignace.

Cela, avant tout, tenait à Dieu, qui voulait entourer de gloire le berceau de cet ordre appelé à faire tant de bien dans le cours des siècles ; mais le Père général était pour quelque chose dans cet élan qui amenait à la Compagnie un nombre si considérable d'hommes illustres. Attirés par la sainteté, par les prières, par l'influence de François de Borgia, ils étaient venus se ranger autour de lui ; et le spectacle de ses vertus, plus encore que les saints enseignements qu'il leur donnait chaque jour, les portait d'une admirable manière à la perfection.

Parmi eux on voyait Claude Aquaviva. Particulièrement cher au saint pape Pie V, Claude avait été élevé à la prélature ; la pourpre romaine l'attendait. Mais Dieu avait touché son âme, et il avait renoncé avec joie à toute cette gloire pour

embrasser la perfection évangélique. Devenu religieux il fut élu plus tard Général de tout l'ordre,
et le gouverna pendant trente années, plus encore
par son exemple que par l'autorité dont il était
revêtu.

Il y avait aussi au noviciat Rodolphe, neveu
d'Aquaviva. Entré quelques mois après Stanislas,
ce jeune homme ressemblait beaucoup à notre
saint. Il était pieux et innocent comme lui. Dieu
lui donna la vocation d'apôtre ; Rodolphe quitta
l'Europe et se rendit dans les Indes, où il trouva,
comme le dit un auteur, dans le martyre, la plus
belle pourpre qui puisse faire envie à un serviteur de Dieu.

Il y avait encore avec notre saint jeune homme
un Polonais distingué, appelé comme lui Stanislas,
de la noble famille de Warscewiski. Aimé du roi
Sigismond, il avait été honoré de la charge d'am-
bassadeur auprès de l'empereur de Turquie et
d'un grand nombre de souverains de l'Europe. Il
avait aussi occupé la place de président du collège des secrétaires du royaume. Préférant le pauvre habit de novice de la Compagnie à la dignité

épiscopale et à la mitre qu'on lui offrait en Pologne,
il avait refusé cet honneur pour se jeter aux pieds
de son Dieu, dépouillé de tout et couronné d'é-
pines.

Dans cette maison de probation on remarquait
aussi Fabius, dont la moindre gloire était d'être
issu de la noble famille qui porte ce nom, et dont
la sainteté a laissé un parfum que la Compagnie
de Jésus conserve encore ; puis le grand Alexan-
dre Valegnani. On sait que dans l'histoire de
l'Inde, de la Chine et du Japon le nom de cet
hómme est resté comme le nom d'un apôtre qui
a rendu à l'Église et aux âmes des services
signalés.

Enfin, parmi les hommes les plus célèbres dans
la science, on trouvait trois grands docteurs appelés tous les trois du même nom de baptême : François Torrès, théologien distingué, et reconnu
comme tel par toutes les universités et par
le grand concile de Trente lui-même ; François
Léon, qui fut choisi, à cause de sa science profonde du droit canon, par le Pape pour revoir et
corriger le décret de Gratien ; enfin François

Prando, très célèbre philosophe, qui enseigna dans la première chaire de l'université de Bologne.

C'est au milieu de tels hommes qu'on va voir briller Stanislas; il sera bientôt pour eux l'objet de la plus tendre vénération, et tous, à l'envi, ne tarderont pas à le proclamer leur modèle.

On peut se faire une idée de la joie du pieux jeune homme quand il se vit revêtu de l'humble habit de novice. Il regarda ce vêtement sacré comme lui étant donné par les mains de la sainte Vierge. En rappelant à sa mémoire combien il avait soupiré pour l'avoir, toutes les pénitences auxquelles il s'était livré pour mériter d'en être revêtu, le long voyage qu'il venait de faire, à peine s'il pouvait croire qu'il le possédait enfin. Il se disait à lui-même: « Cette maison où je suis est bien la sainte maison de Dieu; c'est le port assuré contre la tempête; c'est l'antichambre du paradis. Et cet habit que je porte, c'est bien l'habit de la Compagnie, vêtement plus précieux que toute la pourpre dont les hommes pourraient me décorer. Oh! quelle grande bonté de mon Dieu! Oh! quel grand amour la sainte Vierge me témoigne! Comment pourrai-je jamais répondre à tant de grâces! »

Ainsi parlait Stanislas dans sa joie. Il passa de la sorte plusieurs jours presque continuellement ravi en Dieu. Toutefois il pensa à faire autre chose que pleurer de bonheur; il voulut s'appliquer de tout son pouvoir à se rendre un digne fils de saint Ignace; et, pour cela, il se proposa de recommencer une nouvelle vie.

Rien n'était plus capable de l'aider dans cette résolution que les *Exercices spirituels* de saint Ignace. Il est d'usage, on le sait, de les donner à ceux qui entrent dans la maison de probation. Inspiré de Dieu, le grand fondateur de la Compagnie de Jésus a déposé dans son admirable livre des *Exercices* un esprit qui enfante la sainteté presque nécessairement dans l'âme de celui qui se montre docile à la grâce. On sait que saint François de Sales disait de ce livre : « Il a sauvé plus d'âmes qu'il ne contient de lettres. » Il est facile de concevoir comme cette semence divine fructifia dans le cœur de Stanislas.

Saint Ignace a voulu que celui qui fait les exer-

cices les reçoive d'un autre qui, les ayant faits
lui-même, ait acquis par l'expérience l'art surnaturel de les donner à son tour [1]. On désigna donc
Claude Aquaviva pour donner les exercices spirituels à Stanislas. Quoique novice encore, ce saint
homme était très versé dans les choses de Dieu.

Le Père Aquaviva s'aperçut bientôt des merveilleuses dispositions de son jeune disciple. En lui
proposant les divers sujets d'oraison, il voyait que
Stanislas s'enflammait d'amour ; que son visage
devenait radieux, et que de ses yeux coulaient
des torrents de larmes. A la moindre parole qu'il
lui disait, cet enfant ne pouvait maîtriser son émotion ; et puis, quand il lui faisait rendre compte
des vérités célestes qui venaient de lui être expli-
quées, il l'entendait parler de ces choses avec un
langage si relevé et si angélique, qu'il devinait,
sans peine, que Stanislas avait un autre maître,
et que le Saint-Esprit lui enseignait toutes choses
par la suave onction de sa grâce. Ce vénérable
Père se couvrait le visage à cause de la grande

[1] Le Père Roothan.

confusion où cela mettait son humilité, disant souvent qu'il fallait changer les rôles; que Stanislas devait être son maître, et lui le disciple de Stanislas.

Une des choses que le pieux jeune homme, à son entrée au noviciat, fit avec le plus d'empressement, ce fut de copier de sa propre main les règles de la Compagnie. On les lui avait données à lire et à méditer, comme cela se pratique toujours. Stanislas se livra à cette étude avec le plus pieux amour, vénérant, comme quelque chose qui lui venait du Ciel, chacune des prescriptions de son admirable Père, et se promettant de faire consister tout son bonheur à y obéir fidèlement.

C'est pourquoi, ayant pris par écrit ces saintes règles, il avait la dévotion de les porter continuellement sur son cœur, se donnant par là à lui-même la consolation de pouvoir se dire qu'il ne vivait que pour elles, et que son dessein était de les suivre le plus parfaitement possible jusqu'à la mort.

CHAPITRE XXVIII

Comment saint Stanislas reçut de son père une lettre pleine
de menaces, et de l'admirable réponse qu'il lui fit.

Pendant que Stanislas, absorbé dans les saintes
joies du paradis, oubliait la terre et ne pensait
qu'à croître de jour en jour dans l'amour de Dieu,
en Pologne, son vieux père mettait tout en œuvre
pour le faire revenir et l'arracher à la paix dont
il jouissait au sein de la Compagnie de Jésus.
Depuis le jour où Paul et Bilinski l'avaient in-
formé du départ furtif de son fils, le sénateur
n'avait goûté de repos ni le jour ni la nuit. On se
rappelle son indignation contre les Pères jésuites,
et les choses qu'il écrivit au cardinal Osius. Il

avait pris toutes les informations possibles afin de
savoir où était allé Stanislas. On ne pouvait pas facilement le renseigner sur le chemin que le jeune
homme avait tenu, et spécialement sur l'endroit
où il s'était arrêté, parce qu'il avait passé quelque
temps à Dilinghem, et qu'il avait fait son voyage
avec un costume capable de le dérober aux plus
minutieuses recherches. Cependant le sénateur
avait fini par apprendre qu'il était à Rome. Aussitôt il avait eu hâte de lui écrire une lettre pleine
de reproches et de menaces. Cette lettre fut enfin
remise au maître des novices. Comme elle était
écrite en langue polonaise, celui-ci ne la put comprendre. Il appela donc le Père Warscewiski
pour lui en demander le sens. Warscewiski la
lui traduisit ; en voici le sens, d'après le Père
Skarga :

« Par votre légèreté, vous avez déshonoré ma
maison ; vous avez fait honte et mis une tache à
toute l'illustre race des Kostka. Vous avez osé
courir l'Allemagne et l'Italie comme un petit mendiant. Si vous persévérez dans cette folie, ne met-
tez pas les pieds en Pologne, car je vous trouverai

partout, et, au lieu des chaînes d'or que je vous préparais, vous aurez des chaînes de fer, et vous serez jeté là où vous ne verrez jamais le soleil. »

Cette lettre, comme on peut le remarquer ne contenait rien qui sentît l'amour paternel. Soit que le sénateur l'eût faite dans le premier mouvement de sa colère, soit qu'il l'eût écrite dans le but d'effrayer Stanislas et de le porter à renoncer à son dessein, il n'y mit aucune parole où le pauvre enfant pût reconnaître la tendresse d'un père qui parle à son fils bien-aimé. Le maître des novices, après avoir pris connaissance de cette lettre, n'hésita pas à la remettre entre les mains de Stanislas : il savait combien Dieu avait donné de force à son cœur, et jugeait qu'elle ne lui ferait aucune impression fâcheuse.

Quand le saint jeune homme eut lu seulement les premiers mots, les larmes coulèrent de ses yeux ; son âme, éclairée d'en haut, avait un sentiment si grand des choses de Dieu, qu'il ne pouvait revenir de son étonnement en pensant à l'aveuglement de son père. Il pleurait à chaudes larmes de le voir méconnaître à ce point le grand honneur que Dieu lui faisait en lui demandant un de ses fils; il ne pouvait se consoler de ce que son père prenait pour une infamie une telle faveur, comme si la maison de Kostka pouvait trouver une gloire plus belle que celle d'avoir un de ses membres à la cour du Roi des cieux. Quant aux menaces, elles ne l'émurent pas. Il se contenta de montrer à Dieu combien il souffrait dans son cœur de voir que ce père si tendrement chéri ne comprenait pas que les choses du ciel l'emportent sur celles de la terre, et s'opiniâtrait à se croire déshonoré quand le Seigneur lui prenait un enfant pour en faire son serviteur.

Le supérieur engagea Stanislas à répondre au sénateur Kostka. Plein d'obéissance, et l'âme toujours dans un calme parfait, l'angélique jeune homme se mit à réfléchir devant Dieu sur ce qu'il aurait à dire dans sa lettre. Après avoir imploré les lumières du Saint-Esprit, il commença ainsi : « Je ne vois pas, seigneur mon père, que vous ayez lieu de vous chagriner de ce que Dieu a daigné me mettre au nombre de ses serviteurs. Cela devrait plutôt être pour vous le sujet d'une grande joie. N'est-ce pas, dites-le moi, un incomparable bonheur pour un père que d'avoir son fils à la cour du Roi céleste, d'autant plus que Dieu ne demande à ce père ni démarches ni argent pour recevoir son fils, ce qui n'a pas lieu quand il s'agit de faire entrer quelqu'un dans la cour d'un souverain de la terre? Je ne suis pas digne de souffrir quelque chose pour mon Seigneur Jésus ; mais si celui qui a tant souffert pour nous daignait m'accorder cette faveur, il n'y aurait rien de plus heureux ni de plus doux pour moi. Ainsi, ce dont vous me menacez, seigneur mon père, je le désire moi-même. Sachez donc que je me suis consacré à la divine Majesté et que, tant que je vivrai, je veux la servir en pauvreté, chasteté et obéissance, et lui garderai une fidélité qu'aucune mort ou misère ne pourront m'ôter ; et, à cet effet, je suis prêt à tout souffrir. Vous feriez mieux, seigneur mon père, si de vos propres mains vous me donniez à Dieu et si vous le priiez qu'il me fortifie dans cette vocation et dans cette grâce inappréciable qui me fasse persévérer jusqu'à la fin. C'est une chose vaine et nuisible de m'empêcher de servir Dieu et de vous élever contre le Seigneur; si je persévère dans la bonne entreprise, ce sera salutaire pour nous deux [1]. »

Malgré les beaux sentiments dont elle était remplie, cette lettre ne parvint pas à adoucir le sénateur ; cependant on ne peut douter que les paroles de Stanislas entrèrent au fond de son cœur et le remplirent d'un attendrissement dont il ne put se défendre. Quand le temps de la miséricorde fut venu pour lui, elles l'aidèrent sans doute à comprendre avec quel amour Dieu avait traité son enfant, et quelle gloire il lui préparait. Mais, en ce moment, ce père affligé ne fit que s'irriter davantage contre le saint jeune homme, et se promit d'employer tous les moyens pour le ramener au plus tôt en Pologne.

Quelque temps après que Stanislas eut écrit cette lettre à son père, il reçut la visite de Nicolas Lassocki, chanoine de Cracovie, qui était venu de Prusse à Rome. La conversation tomba naturellement sur le sénateur Kostka et sur la peine

[1] Le Père Skarga.

qu'il avait de voir son fils chez les jésuites. Nicolas Lassocki raconta, entre autres choses, à Stanislas, qu'il avait lu la lettre adressée par son père au cardinal Osius, et ne lui cacha point tout ce qu'elle renfermait de menaces et pour lui et pour les vénérables Pères de la Compagnie de Jésus. Stanislas l'écouta quelques instants, puis saisi par l'émotion, il l'interrompit tout à coup et s'écria, en mettant la main sur son cœur : « Oh ! monsieur, que mon père parlerait différemment, s'il savait quel bien Dieu me fait en m'appelant à la Compagnie de Jésus ! Je me trouve plus content avec ma pauvreté que si je possédais toutes les richesses du monde. Mon père est bien ingrat envers Dieu, lui qui, ayant reçu de sa bonté plusieurs fils, refuse de lui en donner un qu'il demande. Surtout, comment peut-il, étant chrétien, se persuader que c'est un déshonneur pour sa maison d'avoir un fils au service du grand Monarque du ciel !... » Nicolas Lassocki se sentit touché par ces paroles, qui respiraient je ne sais quoi de divin. Il en fut si frappé qu'il en conserva toujours le plus doux souvenir, et qu'il aimait à raconter cette scène attendrissante où Dieu lui avait fait la grâce de voir de près la sagesse surnaturelle qui remplissait l'âme de ce saint jeune homme.

CHAPITRE XXIX

Comment saint Stanislas était pour tout le noviciat un objet de vénération, et quelle admirable perfection il mettait dans ses actions.

Tout ce qu'on faisait au dehors pour troubler Stanislas ne pouvait altérer son bonheur. Il aimait à dire qu'il avait trouvé dans le noviciat un véritable paradis.

Seulement, dans son humilité, il s'étonnait beaucoup de ce que ses supérieurs avaient bien voulu lui faire la grâce de le recevoir. Aussi se prenait-il souvent à rougir de lui-même, se voyant au milieu de tant d'hommes admirables, qui avaient méprisé toutes les grandeurs de la terre pour em-

brasser la croix de Jésus-Christ. C'est à peine, dit
le Père Bartholi, s'il osait jeter les yeux autour de
lui ; car en regardant quelqu'un de ses frères, il
éprouvait dans son âme je ne sais quel mélange
de consolation très douce et de sainte honte. Il
s'imaginait, en effet, voir un ange en apercevant
ce cher frère, et c'était pour lui un très doux spectacle ; mais son humilité le faisait souffrir à la
pensée qu'il était compagnon de cet ange, et pouvait s'asseoir à ses côtés, tandis qu'il ne méritait
pas seulement d'être son serviteur et de se tenir
à ses pieds. Aussi, il n'abordait jamais aucun novice qu'avec le plus tendre respect, et dans tous les
rapports qu'il avait avec ses frères, il s'appliquait
à leur être agréable en tout, les prévenant d'honneur avec simplicité et modestie. Il se faisait aussi
un devoir de les observer dans toutes leurs actions
pour les imiter, comme si chacun d'eux eût été
pour lui un maître dans la perfection religieuse.

Occupé de ces pensées et de ces soins, Stanislas
était loin de soupçonner qu'il fût un objet de vénération pour tous. Et cependant il n'y avait qu'une
voix dans le noviciat pour proclamer sa sainteté.

On le regardait comme une âme extraordinairement chérie de Dieu. On voyait si clairement que
le Saint-Esprit faisait ses délices d'habiter en lui,
et qu'il mettait ses plus douces complaisances à
le combler de la plénitude de ses dons, que déjà
on disait de lui ce que dit plus tard le pape Urbain VIII : « C'est un petit jeune homme, mais c'est
un grand saint. »

Les supérieurs avaient coutume de le proposer
à tout le monde comme le plus beau modèle qu'on
pût imiter. Les Pères aussi bien que les novices
trouvaient en lui les choses les plus capables de
les porter à la vertu et à l'amour de Dieu ; de sorte
que le maître des novices disait souvent que si
quelqu'un s'appliquait à reproduire en lui-même
tout ce qu'il voyait en Stanislas, il aurait bientôt
atteint un très haut degré de sainteté

Au reste, on remarquait une grande simplicité
dans tout l'ensemble de sa conduite : il ne faisait
rien qui fût en dehors de la vie commune ; mais je
ne sais quelle impression de grâce ornait ses actions les plus ordinaires, de sorte qu'aucune ne

passait inaperçue et ne manquait de frapper beaucoup tout le monde.

Ce cachet de sainteté imprimé sur les moindres
choses que faisait Stanislas au noviciat est encore
un des plus grands souvenirs qu'on a conservés
du Bienheureux. Tous ceux qui l'ont vu disent, en
effet, qu'une grâce céleste l'accompagnait en toutes
circonstances, et mettait en relief, à son insu, les
plus indifférentes actions. Dans les procès de canonisation, on trouve une foule de dépositions à
ce sujet. Elles établissent évidemment l'impossibilité de donner une idée complète de la sainteté
qui éclatait dans la moindre chose qu'il faisait. Un
grand nombre de témoins oculaires, après avoir
constaté ce fait si étonnant, essayent d'expliquer
en quoi pouvait consister le charme particulier
qui distinguait si merveilleusement chacune des
actions de Stanislas, et ils apportent une foule de
comparaisons. La plus simple et la plus frappante
que nous ayons trouvée est celle d'un ange qui
viendrait sur la terre sous une forme humaine. En
cet ange descendu des cieux assurément il appa-
raîtrait aussitôt quelque chose qui révélerait sa

condition. Il se ferait remarquer, ce semble, en faisant la plus simple prière, et il trahirait, dans l'action la plus indifférente, la céleste distinction de sa nature. Ainsi en dut-il être de Stanislas, qui avait tant de la nature angélique.

Celui donc qui le voyait prier ou s'entretenir avec les autres en récréation, ou se livrer à une occupation quelconque, remarquait qu'il avait en chacune de ces choses une manière de faire, une grâce surnaturelle, un genre tout à fait à lui, qu'on ne voyait point dans les autres et qui donnait à penser que cet enfant tenait réellement plus de l'ange que de l'homme. Et Stanislas était ainsi sans le vouloir ; il faisait tout cela avec une candeur, un naturel, une ingénuité qui montraient visiblement qu'il était né avec ces manières célestes, s'il nous est permis de parler de la sorte, et qu'il ne dépendait pas de lui d'empêcher l'éclat de son âme angélique de percer au dehors et de distinguer ainsi la plus petite de ses actions.

Il n'échappera, sans doute, à personne combien est relevée et admirable une telle perfection reluisant jusque dans les moindres actes de la vie commune. Par sa docilité aux inspirations du Saint-Esprit, Stanislas avait le mérite de cette perfection dans laquelle nous n'hésitons pas de faire consister la plus grande partie de sa sainteté et de son héroïsme. Assurément, la foi nous le montre plus beau et plus sublime dans ces actions ordinaires, accomplies avec tant de ferveur, que quand nous le voyons recevoir la communion des mains d'un ange, ou quand la sainte Vierge dépose dans ses bras l'enfant Jésus.

CHAPITRE XXX

Comment saint Stanislas, au noviciat, pratiquait l'humilité,
combien il était obéissant ; puis de son extrême amour
pour la mortification.

Stanislas retrouva en religion toutes les saintes
pratiques de la mortification dont il avait usé avec
tant de consolation dans le monde. La discipline,
les chaînes de fer et les cilices, qui avaient joué
un si grand rôle dans sa vie, il les retrouva au noviciat, et avec quel bonheur! c'est ce qu'il serait
impossible de dire. Ces instruments, cruels pour
la nature, ont pour les saints quelque chose de
si délicieux ! Toutes ces austérités sont douces
pour eux, qui mettent si haut dans leur estime la
céleste pureté de leur corps et de leur âme, et

qui savent bien que ce n'est qu'en entourant leur chair de ces épines qu'ils peuvent conserver le beau lis intact, comme ils veulent l'avoir. La chair virginale de Stanislas n'eût pas pu s'accoutumer à n'être plus flagellée. Il reprit donc toutes ces pratiques avec grande joie. On ne pouvait pas causer à son âme innocente un bonheur plus vif qu'en lui permettant d'ajouter secrètement quelque chose aux pénitences qu'il est d'usage de faire dans la Compagnie.

Les mortifications intérieures de l'âme étaient celles qu'il recherchait avec le plus d'empressement. Au réfectoire, il éprouvait un contentement indicible, quand on lui permettait de prendre son repas à genoux, sur une petite table bien basse, ou encore, de manger du pain sec et de boire de l'eau, assis par terre. Ces humiliations si belles sont d'usage et dans les maisons de probation et dans toutes les autres de la Compagnie. Stanislas, avec son âme de saint, sentait tout ce qu'il y a de touchant et de profondément chrétien dans ces pratiques où on se propose d'honorer les humiliations du Fils de Dieu. Grande et sublime pensée que celle-là ! pensée trop haute pour que le monde soit à sa portée et l'entende, mais qui, grâce au Ciel, est pourtant comprise des âmes dépouillées de l'esprit du monde, et c'est le solide et l'éternel honneur des ordres religieux.

Comme il y a plus d'une manière de s'exercer à l'humilité, Stanislas n'en négligeait aucune. Il ne voulait, pour se vêtir, que les habits les plus pauvres. Privé dans le monde de cette consolation à cause des bienséances que son rang l'obligeait à garder, il eut à cœur de se dédommager en religion. Tout ce qu'il y avait de plus usé, il le demandait avec des instances si vives, qu'on aurait cru qu'il s'agissait [pour lui d'une grâce de premier ordre à ses yeux.

Ceux qui ont vécu avec lui racontent qu'il est impossible de se figurer tout ce qu'il faisait pour arriver à être oublié, méprisé, et à être regardé comme rien. Il ne parlait presque jamais de lui ou s'il le faisait, c'était en des termes qui montraient combien il avait une idée basse de sa personne. Les novices en étaient grandement édifiés ; ils ne connaissaient pas, disaient-ils, un plus incorrigible calomniateur de lui-même que Stanislas. Plusieurs avaient de la peine à s'expliquer comment il pouvait parler de la sorte et se dire aussi méchant qu'il le faisait sans blesser la vérité. Mais on sait que les saints ont tous ce sublime défaut de s'exagérer à eux-mêmes leurs plus petites imperfections, ou plutôt nous aimons mieux dire, en prenant leur esprit, qu'une lumière céleste, plus brillante que celle qui éclaire nos faibles yeux, leur montre, dans ce que nous prenons pour de petites taches, de véritables désordres ; et puis, enfin, les saints se regardent eux-mêmes, non pas tant pour voir ce qu'ils sont, que pour voir ce qu'ils devraient être avec les grâces qui tombent sur leur âme en si grande abondance ; et comme ils découvrent bien vite qu'ils sont encore loin d'être ce qu'ils devraient, ils se tiennent pour des ingrats envers la bonté divine, et n'éprouvent pour eux-mêmes qu'un immense mépris, tandis que les autres n'ont sous les yeux que leur éminente sainteté.

Stanislas se mettait donc, en esprit, aux pieds de tous, et ne se regardait, dit un historien, que

comme la bête de somme de la maison ; il aurait
voulu prendre sur lui tous les travaux les plus
pénibles et les plus humiliants, afin d'en dé-
charger les novices.

Après cela, inutile de dire qu'il évitait avec le
plus grand soin de proférer la moindre parole
qui pût, même de loin, tourner à sa louange ou
à celle de ses ancêtres. Quand on parlait avec
lui, ou seulement en sa présence, de la noblesse
de la maison dont il était sorti, il se mettait à
rougir, et s'efforçait d'amener la conversation sur
un autre sujet. Quelquefois il n'était pas assez
heureux pour réussir ; alors il coupait tout court
en disant : « Ah ! il n'y a pas de noblesse de sang
qui mérite notre estime, si ce n'est celle qui nous
vient du sang de notre divin Rédempteur, et mille
fois heureux celui dont les sentiments sont à la
hauteur de cette divine noblesse, et qui comprend que ce serait descendre de son rang et se
déplacer d'une manière déplorable, que de donner
son amour aux choses de la terre, quand l'adop-
tion divine nous a rendus les héritiers du ciel. »

Il ajoutait qu'il ne regardait pas comme riche

celui qui avait ses biens en dehors de lui, et qui ne pouvait les emporter dans l'autre vie, où la pauvreté est surtout à craindre ; que celui-là seul lui paraissait riche qui portait dans son âme sa fortune, comme sont les trésors de vertu ; car c'est avec ces choses qu'on peut acheter la félicité éternelle.

Ainsi, Stanislas employait les raisons les plus solides pour anéantir tous ces vains préjugés du monde, que partagent quelquefois même les meilleurs esprits, et qui leur font tenir compte plus qu'il ne faut des gloires de ta terre. Sans doute si nous n'avions pas mieux, et si la seule permission que le bon Dieu nous a donnée de l'appeler notre Père ne nous conférait pas le plus beau titre de noblesse dont on ait jamais entendu parler sur la terre et dans le ciel, on pourrait attacher à ces choses quelque valeur. Mais les titres les plus magnifiques de ce monde sont vraiment trop inférieurs à celui d'enfant de Dieu.

Au reste, les actions de Stanislas étaient parfaitement d'accord avec les pensées qu'il exprimait sur toutes ces choses, et respiraient le plus suave parfum d'humilité. Voici un fait qui le prouve bien.

Tandis qu'il était au Collège romain, employé au service de la cuisine, le cardinal Jean-François Commendon vint le voir. Ce prince de l'Église voulait le féliciter de ce qu'enfin il avait pu entrer dans la Compagnie. On se rappelle qu'il s'était occupé de Stanislas et l'avait recommandé au Père recteur de Vienne, sans néanmoins avoir pu obtenir son admission. Le saint novice ne s'attendait pas à cette visite. Quand on lui annonça le cardinal, il se réjouit beaucoup d'aller le recevoir avec son costume de frère cuisinier. Il avait ses manches retroussées, un méchant petit justaucorps, tel qu'on en porte quand on est employé à ce service. En se présentant de la sorte, il espérait se faire mépriser, et racheter par l'humiliation l'honneur que pouvait lui faire la visite d'un prince de l'Église. Il voulait aussi montrer qu'il estimait plus la dernière place dans la maison de Dieu que toute la noblesse de la terre. Les Pères trouvèrent ses raisons excellentes, mais ils crurent qu'il valait mieux, en cette circonstance, tenir compte de la dignité du cardinal que de l'humilité du novice, et lui commandèrent de prendre des vêtements plus convenables pour se présenter devant lui.

Mortifié, humble comme ceux d'entre les saints qui le furent le plus, Stanislas était d'une obéissance admirable. Après l'avoir vu copier avec tant d'amour les règles de la Compagnie, il est facile de penser qu'il mettait ses délices à les observer avec fidélité. C'est la plus douce consolation de la vie religieuse. Les portant sur son cœur, comme un objet sacré, il les accomplissait avec une telle perfection, que tous ceux qui vécurent avec lui disent qu'il n'en transgressa jamais une volontairement.

Un jour, il avait été donné comme aide au cuisinier avec le Père Aquaviva. Le frère cuisinier leur commanda à tous deux d'aller chercher du bois, leur déterminant la quantité qu'ils devaient porter. Il sembla au Père Aquaviva que le bon frère avait voulu ménager leurs forces, et que vraiment les quelques morceaux de bois désignés par lui étaient un trop petit fardeau sur leurs bras

Il voulut donc en prendre davantage. Mais Stanislas se mit à sourire doucement ; et, avec un air respectueux et aimable, il s'excusa, disant : « Oh ! pourquoi voudrions-nous perdre le mérite de l'obéissance ? le frère cuisinier nous a marqué le nombre des morceaux de bois qu'il faut emporter, n'en prenons pas davantage [1] ». Claude Aquaviva se rendit aussitôt à ses raisons, laissa plusieurs morceaux de bois qu'il avait déjà chargés sur ses bras, se condamnant lui-même pour l'interprétation qu'il avait faite, et convenant avec Stanislas que rien n'est beau dans l'obéissance comme la simplicité.

[1] Au noviciat des Pères jésuites d'Angers, malheureusement fermé à cette heure, il y a, dans un des corridors, un grand nombre d'images où sont représentés les principaux faits de la vie de saint Stanislas. Ces images sont délicieuses, tant à cause de la manière dont elles sont faites, qu'à cause des inscriptions qu'on lit au bas de chacune. Mais celle qui représente le fait dont nous parlons a des charmes tout particuliers. On voit le doux saint avec son auréole et son air d'angélique simplicité, qui, portant sur ses bras deux ou trois petits morceaux de bois, se dirige rapidement vers la cuisine. Au bas, on lit ces mots *Errabit, si plura ferat.*

Le saint jeune homme avait sans doute les raisons les plus élévées pour faire un si grand cas
de ses règles et pour obéir avec tant de ponctualité aux ordres de ses supérieurs. Dieu parlant
par l'intermédiaire de la règle et par la bouche
de ses supérieurs, voilà ce qu'il voyait avant tout
et ce sur quoi il fondait son obéissance. Ceux
qui racontent l'admirable délicatesse et la foi sublime avec lesquelles Il accomplissait tout ce qui
lui était ordonné, disent ne pas savoir s'il puisait
ces convictions précieuses dans les lumières ordinaires que notre sainte religion donne de ces
choses, ou bien si Dieu, toujours heureux de prévenir de sa tendresse infinie son enfant béni, ne
lui avait pas montré lui-même dans une évidence
admirable ce qu'il est juste d'appeler la présence
réelle de sa volonté sainte dans les ordres et la
volonté des supérieurs. Ils paraissent cependant
inclinés à croire que Dieu lui avait fait cette grâce
et ils racontent avec complaisance qu'on ne pouvait rien lui commander, quelque difficile, quelque
laborieux, quelque extraordinaire que ce fût, que
ce saint novice ne se mît aussitôt en devoir de

l'exécuter, ne trouvant jamais la plus légère observation à faire, et se conformant avec simplicité à ce qui lui était ordonné. De là vint ce nom de Tout-Puissant qui lui fut donné, et qui est le plus bel éloge qu'on puisse faire de son obéissance.

On disait communément que, s'il plaisait à Dieu de glorifier par des miracles la perfection de l'obéissance, c'était par Stanislas qu'il devrait accomplir ces prodiges ou par nul autre. Aussi ses supérieurs le trouvaient docile et soumis à ravir jusque dans les choses où son cœur l'eût si facilement porté à blesser un peu cette vertu. Ainsi, pour ses pénitences, pour ses oraisons, il se laissait régler comme un enfant, et n'allait jamais plus loin qu'on le lui permettait ; au moins il faisait bien ce qu'il pouvait. Mais, pour la prière il n'était pas toujours le maître [1] d'empêcher Dieu

---

[1] Nous extrayons les quelques mots pleins de naïveté avec lesquels le Père Longaro rend la manière dont Dieu attirait à lui saint Stanislas.

« Il suo amante signore, facendola da padrone despotico, qualunque cosa Stanislao si facesse, lo tirava a se, si deliziava con lui. »

de venir à son âme, de la combler de ses plus douces faveurs, et d'allumer dans son cœur ce feu mystérieux qui va, ainsi que nous le verrons bientôt, menacer de compromettre sa vie. Mais il s'appliquait avec une grande simplicité à modérer ces ardeurs, et se trouvait heureux quand, pour obéir, il avait pu éloigner un peu Dieu de son âme.

CHAPITRE XXXI

Stanislas, au noviciat, ne cessa pas d'aimer avec la plus grande tendresse la sainte Vierge sa divine mère. Ayant reçu d'elle le commandement d'entrer dans la Compagnie et tout le secours dont avait eu besoin afin d'y être admis, il éprouvait dans son cœur si bien né et si généreux un immense besoin de se montrer reconnaissant pour tant de grâces. Il sentait si vivement qu'il devait tout à sa bonté! Aussi son nom, son souvenir faisaient toujours sur lui une impression indicible. Il n'était pas plutôt question d'elle, que les pleurs lui venaient aux yeux. Son beau cantique du *Salve Regina* avait toujours pour lui une grande douceur. En l'entendant chanter à l'église, le céleste petit exilé continuait d'éprouver, comme à Vienne, ces sublimes défaillances qui se terminaient par des extases et des ravissements.

Il ne sortait jamais de sa chambre et ne commençait aucune action sans demander à sa mère chérie qu'elle daignât le bénir avec sa douce main du haut du ciel, et qu'elle lui inspirât en même temps la manière de plaire davantage à son divin Fils. Et pour cela il se tournait vers les églises et les endroits où il savait qu'on vénère quelque image de la sainte Vierge ; cela lui était facile, parce qu'à Rome ces images sont très nombreuses, il n'y a pas de rue où on n'en trouve plusieurs avec une petite lampe allumée devant chacune d'elles.

Le soir avant de se coucher, et le matin en se levant, il se mettait à genoux le visage tourné du côté de Sainte-Marie-Majeure ; il inclinait son front jusque par terre pour recevoir sa bénédiction, et pour se mettre entre ses bras maternels durant le jour ou durant la nuit. Cette pratique que sa piété lui inspirait, a été suivie depuis par les autres novices, et jusqu'au jour où la violence a fermé le noviciat de Saint-André, elle y a été conservée avec amour en souvenir de Stanislas, et pour avoir le bonheur de saluer, comme lui, la divine Vierge Marie de loin dans son beau sanctuaire de Sainte-Marie-à-la-Crèche.

Au milieu des occupations les plus distrayantes, le cœur de Stanislas qui ne vivait, pour ainsi dire, que de l'amour de la sainte Vierge, savait bien l'invoquer par de pieuses aspirations et par des oraisons jaculatoires pleines de dévotion. En récitant son office, son rosaire, ou quelque autre prière en son honneur, il était plongé dans un tel recueillement, son air respirait une humilité si grande et une confiance si pleine de tendresse, son cœur était vraiment si bien sur ses lèvres, qu'il portait à la dévotion tous ceux qui le voyaient. Ainsi à genoux auprès de sa mère, il frappait beaucoup tout le monde par cette manière suave et pleine de foi avec laquelle il la priait: on aurait dit qu'il l'avait véritablement devant lui et la voyait.

Assurément, on ne se serait pas autrement entretenu avec une personne qu'on aurait eue présente devant soi.

Dans tout le noviciat, on savait qu'il y avait entre la sainte Vierge et Stanislas des relations si douces, que la divine Marie l'aimait vraiment comme son fils, et que le pieux jeune homme la chérissait comme sa mère. « O ma chère mère, lui disait-il souvent, en poussant des soupirs, je ne sais pas m'expliquer; mais vous, vous n'ignorez point comment mon cœur est à votre égard. » On admirait la confiance qu'il avait en elle et l'abandon avec lequel il se reposait sur la tendresse de son amour pour toutes les choses dont il pouvait avoir besoin. Persuadé qu'il n'est pas nécessaire d'employer beaucoup de paroles pour se faire comprendre d'elle et la gagner, il lui disait avec une candeur ravissante : « Ma chère mère, j'ai besoin de vous en ce moment. » Stanislas croyait inutile de lui indiquer davantage les choses qu'il lui demandait, parce qu'il sentait immédiatement ce qu'il voulait lui dire, deviné par elle. Avec une indicible bonté, elle arrêtait sa prière sur ses lèvres, en l'exauçant sur-le-champ. On ne conçoit guère, au reste, qu'il en eût pu être autrement ; car on voyait que le saint jeune homme était si heureux de l'invoquer, il faisait cela avec une telle certitude d'obtenir l'objet de sa demande qu'on saisit sans peine qu'il en eût trop coûté à la Mère de miséricorde de lui refuser quoi que ce fût.

Aussi on disait que celui qui voulait obtenir quelque grâce de la sainte Vierge, n'avait qu'à aller trouver Stanislas, qu'à lui remettre sa requête, le priant de vouloir bien l'offrir à la Reine des Anges. On était assuré qu'en faveur de son enfant privilégié elle ne manquerait pas d'accueillir la prière et de l'exaucer.

Stanislas, à cause des précautions presque infinies qu'il avait prises pour conserver son innocence, et surtout parce qu'il aimait tendrement la sainte Vierge, qui inspire le goût de la pureté et qui en est la plus sûre gardienne, avait reçu de Dieu, nous l'avons vu, le privilège d'aider ceux qui ont à souffrir des tentations contre l'angélique vertu. Le Seigneur, on le sait encore, mit même tant de bonté à accorder cette faveur à notre doux saint, qu'il voulut que sa seule vue fût capable de dissiper, comme par enchantement, le trouble que le démon répand dans le cœur par les pensées mauvaises. Voici comme, une fois entre mille, Stanislas usa de son privilège. Il était alors au Collège romain, au service de la cuisine. Un de ses compagnons, Marius Franchius, fut cruellement tourmenté par les plus affreuses tentations[1]. Ayant rencontré Stanislas, il le pria humblement de vouloir bien le recommander à Dieu, car il avait, disait-il, grand be-

[1] Voici comment dans la déposition qu'il fit à Tivoli le 27 août 1600, Marius Franchius raconte la chose : « Je me trouvais un jour dans un trouble considérable, et dans un dégoût qui m'inquiétait vivement; je vins à rencontrer Stanislas. La dévotion que j'avais pour lui me porta à me recommander à ses prières, assuré qu'elles me délivreraient certainement de la désolation où j'étais plongé. Il ranima mon courage avec des paroles pleines de douceur. Je ne me rappelle pas quelles furent les paroles. Nous allâmes ensemble dans notre église du Collège romain devant le saint sacrement. Il pria quelques instants pour moi, et ce trouble qui me bouleversait l'âme se dissipa tout à coup, et je fus notablement consolé par la paix qui entra dans mon cœur. »

soin de son secours. Le saint jeune homme le consola avec les paroles les plus douces, entrant dans sa peine, et puis lui dit : « Allons, allons ensemble à l'église. » S'étant tous deux mis à genoux devant le saint Sacrement, ils prièrent pendant quelque temps. La tentation disparut tout à coup, et la paix la plus parfaite se fit dans l'âme de Marius.

CHAPITRE XXXII

Comment saint Stanislas, au noviciat, ne vivait que de
recueillement et de prière, puis des choses extraordinaires
que l'amour divin produisait en lui.

Stanislas conserva en religion le pieux recueillement qu'il avait au milieu du monde. On remarquait toujours une grande modestie dans son visage, dans son regard et dans tout ce qu'il faisait.
C'était, dit le Père Skarga, c'était toujours cette
même figure angélique qu'on lui avait vue dans son
enfance, avec quelque chose de plus doux encore
et de plus pur. « Un certain coloris céleste y
rayonnait ; c'était, pour ainsi dire, la lumière de
sa pureté qui éclatait et embaumait, comme d'un
air céleste, ceux qui approchaient de lui, leur

8.

inspirant l'amour de la vertu. Personne ne le voyait jamais triste ni préoccupé, mais avec un visage gai et gracieux. Son âme, imbue des délices d'une sainte conversation avec les cieux, faisait fleurir ses années plus que son âge ne le comportait; car, sans désemparer un instant, son âme se tenait constamment en Dieu [1]. »

A quelque moment de la journée que ce fût, on le trouvait avec un air aussi pieux que s'il sortait de l'oraison ou que s'il venait de s'asseoir à la table des anges. Ce parfum de dévotion qu'on emporte dans son âme après avoir reçu la divine Eucharistie, cette joie ineffable qui brille alors dans la figure, ne dure pas longtemps pour nous, mais disparaît bientôt au milieu des distractions de la vie. Stanislas paraissait toujours sous le coup de cette impression divine. Aussi, dit un pieux auteur, il était difficile aux frères qui pas-

---

[1] Ces quelques lignes sont traduites mot à mot du polonais. Le génie de notre langue n'admet pas ces manières de parler; mais il y a dans le texte du Père Skarga une naïveté et une énergie qu'il est bon, ce semble, de conserver.

saient auprès de lui ou qui l'apercevaient de loin de ne pas le prendre pour quelque vision céleste.

Cependant tout cela n'était rien en comparaison des choses admirables qui apparaissaient en lui, quand il se mettait à genoux aux heures consacrées à l'oraison. Alors son visage s'enflammait, et le feu de l'amour de Dieu, qui brûlait dans son cœur, le rendait tout radieux. C'est pourquoi les novices cherchaient à se mettre à côté de lui en ce moment, afin de le voir. Ils trouvaient pour leur âme une consolation sensible en regardant de temps en temps cet ange, et leur oraison se faisait avec plus de facilité. Souvent Stanislas leur apparut tout entouré de rayons lumineux; perdu alors dans une délicieuse extase, il ne s'apercevait pas de la splendeur céleste dont il éclairait la chambre; mais ses frères, témoins de tant de merveilleuses choses, se sentaient portés à mieux servir Dieu.

Il avouait que, pour trouver le Seigneur, il n'avait qu'à se présenter devant lui. Son cœur, sans avoir besoin de s'éclairer par la méditation, goûtait aussitôt sa présence. Pour Stanislas, aborder

Dieu et s'unir à lui, se perdre en lui était une seule et même chose. Il paraît qu'à la vue de ce très aimable objet, il fondait en larmes d'une douceur et d'une tendresse indicibles, et il en versait des torrents. Quant aux distractions, il n'en avait pas [1]. Sa pensée et son cœur n'étaient bien que dans la prière. Tout ce qui nous distrait et enlève notre esprit à Dieu, quand nous lui parlons, n'avait aucun intérêt pour Stanislas; sa nature presque angélique l'avait mis au-dessus de ces misères dont les saints même se plaignent, et qui les désolent tant, parce que, avec la foi vive qu'ils ont dans leur âme, ils souffrent de ne pouvoir pas retenir leur esprit fixé au milieu des choses cé-lestes, qu'ils reconnaissent pourtant mériter seules, leur amour.

[1] Voici ce que dit le Père Skarga sur ce sujet. Nous traduisons encore mot à mot : « Le Père Julius Fazi a observé en lui et témoigné qu'il ne connaissait pas de distractions, et que sa pensée ne s'écoulait jamais de travers ; et où pouvait s'écouler celui qui était déjà comme submergé dans la mer de l'amour de Dieu, dont il ne pouvait pas se tirer de quelque côté qu'il se tournât, si bien que son corps même s'était déjà fait à ce genre ne vie ? »

C'est ainsi que, dans sa bonté infinie, le Seigneur daigna récompenser son serviteur qui, dès ses plus tendres années, n'avait recherché que lui. Il n'avait pas oublié ces nuits que le saint enfant passait près de lui, foulé, sous ses yeux divins, aux pieds des méchants, ni ces journées employées presque tout entières en entretiens intimes avec les anges et la sainte Vierge. Et pour un si long exercice de la sainte oraison, il voulut lui accorder la grâce de vaquer aux choses célestes sans être troublé par les distractions.

On ne saura jamais tout ce que Dieu fit d'admirable dans l'âme de Stanislas, durant le temps du noviciat, en se communiquant à lui dans les saintes entrevues de la prière. Toutes les lumières qui l'entouraient alors et l'éclat céleste qui s'échappait de lui font assez comprendre que le Seigneur paraît n'avoir eu rien de trop beau ni de trop grand, dans le trésor de ses miséricordes, pour son enfant bien-aimé.

Il lui arrivait, à la suite de son oraison, des choses vraiment extraordinaires, qui prouvaient bien que l'aimable saint succombait sous le poids des faveurs divines. Un matin, le supérieur le trouva dans le jardin du noviciat; c'était à une heure où on n'a pas l'habitude d'aller au jardin. Il faisait froid et un vent violent soufflait. Surpris, le supérieur lui demanda pourquoi il était là à un pareil moment, exposé à un froid glacial. L'humble jeune homme, à cette question, se sentit tout couvert de confusion; encore transporté par son grand amour pour Dieu, il lui répondit avec un air de candeur et d'innocence : « C'est parce que, tout à l'heure, lorsque j'allais terminer mon oraison, j'ai senti s'allumer dans mon cœur un feu si ardent, que je n'ai pas pu supporter la violence de cette flamme qui me brûlait, et j'ai été obligé de chercher en plein air un peu de rafraîchissement. »

Une autre fois, il se vit saisi d'un transport d'amour de Dieu si excessif, qu'il fut en danger de mourir. Il était tombé en défaillance et ne pouvait plus respirer. On accourut autour de lui, on ouvrit son vêtement, et on lui ôta tout ce qu'il avait sur la poitrine. On s'aperçut que sa poitrine était si brûlante, qu'on crut devoir prendre des linges

mouillés et les appliquer dessus, afin de la re-
froidir.

Saint François de Sales, dans son *Traité de l'a-
mour de Dieu*, parle de ce fait comme d'une chose
qui lui arrivait souvent : « Le bienheureux Stanislas Kostka, jeune garçon de quatorze ans, étoit si
fort assailli de l'amour de son Sauveur, que
maintes fois il tomboit en défaillance, tout pasmé,
et étoit contraint d'appliquer sur sa poitrine des
linges trempés en l'eau froide, pour modérer la
violence de l'ardeur qu'il sentoit [1]. » « Et il n'y a
personne, dit avec naïveté un ancien auteur,
après avoir cité les paroles du saint évêque de
Genève, il n'y a personne qui doive penser qu'un
tel parler soit plus exagéré que vrai ; car il a en sa
faveur plus d'un témoin dont la vie aussi bien que
la sincérité est irréprochable. »

Stanislas était si fréquemment pris par ces défaillances et ces embrasements d'amour de Dieu
que les supérieurs finirent par avoir des craintes
sérieuses que cela ne le fît mourir un jour. Ils

[1] *Traité de l'amour de Dieu*, liv. IX, chap. xv.

donnèrent l'ordre à trois Pères [1] dont l'un avait
été medecin à Padoue, d'avoir toujours les yeux
sur le saint jeune homme, afin d'être prêts à le sou-
lager, quand ces effets extraordinaires de la divine
charité se manifesteraient, et d'empêcher que son
cœur n'éclatât. Ils voulurent aussi lui retrancher
une grande partie du temps qu'il passait à l'oraison, parce que, quand Dieu l'avait quelques instants seulement avec lui, il l'inondait de sa grâce,
avec une telle plénitude, et le tenait dans un tel
ravissement, que Stanislas ne pouvait plus se
contenir. Ils appréhendaient, en voyant son
cœur s'enflammer avec tant de force, qu'un
moment ne vînt où on se trouverait dans l'impossibilité d'arrêter les progrès du mal divin de
l'amour de Dieu dont cette âme était atteinte [2].

[1] Le Père Lelio Sanguigni, noble Romain et *socius* du
maître des novices ; le Père Augustin Mazzini, qui avait été
médecin à Padoue ; enfin le Père Léonard Magnagni.

[2] Voici comment le Père Skarga rend ces choses : « Ses
maîtres procuraient avec soin que son cœur, par la force
excessive de la vie et de l'esprit, n'abîmât pas son corps si
peu robuste, afin que son âme ne quittât pas avant le temps
son vase mortel. »

CHAPITRE XXXIII

Comment saint Stanislas conversait avec ses frères.

A mesure que Stanislas était plus uni à Dieu,
la grande amabilité que nous l'avons déjà vu
puiser dans la piété devenait plus ravissante. Il
conserva au noviciat cet abord facile qu'il avait
dans le monde. Quoique continuellement absorbé
en Dieu, il ne paraissait aucunement austère.
Ainsi les grâces angéliques de sa figure et l'air de
fête qui éclatait dans tous ses traits attiraient toujours doucement à lui. Jamais, avons-nous dit, il
ne perdait cette suavité de visage. Rien d'inégal
en lui; on le trouvait toujours semblable à lui-
même. Cela est une chose bien rare, qu'on ne ren-

contre que dans les saints, parce que, pour se
tenir toujours dans une telle tranquilité d'âme,
qui fait qu'aucun nuage de tristesse ou qu'aucun
mouvement d'humeur n'altère le visage et ne répand dans la vie, à certains moments, quelque
chose de sombre ou de moins radieux, il faut avoir
bien pris le dessus sur les choses de la terre, et
vivre depuis longtemps par le cœur dans les
cieux. Tel était cependant Stanislas, en toute circonstance et en toute rencontre. Rien de plus mo-
deste, rien de plus suave que lui ; ne riant jamais
qu'avec douceur et sans bruit, mais aussi très
facile à faire sourire de cette manière digne et
simple qui respire l'amabilité et la condescendance.

Il avait, on le sait, un jugement rare et un esprit très droit. Intelligent et plein de prudence, il
ne laissait jamais échapper de ses lèvres rien d'in-
considéré. La grâce avait ajouté je ne sais quel
fini admirable à tous ces dons naturels ; de sorte
que chacune de ses paroles était remplie d'une
sagesse céleste. Instruit par le Saint-Esprit des
choses de Dieu, quand il se mettait à en parler,

même des plus hautes, il le faisait avec une sublime · simplicité. On voyait qu'il connaissait à fond cette divine science ; et comme elle était plus encore dans son cœur que dans son intelligence sa parole avait un accent qui touchait, et toute embaumée de piété et d'amour de Dieu, elle allait qu'au plus intime de l'âme. On admirait comme Stanislas se possédait quand il parlait de ces choses. Sentant à chaque instant les larmes lui venir anx yeux, il savait doucement contenir l'invincible émotion qui s'emparait de lui au souvenir de Dieu. C'est ce qui le rendait plus intéressant encore. Au reste, il ne faut pas s'imaginer que le saint jeune homme tenait seul la conversasion ; s'il se fût senti écouté quelques instants seulement, sa modestie aurait pris l'alarme. Mais les novices amenaient à dessein le discours sur un sujet qu'il savait capable de lui faire impression, et ils le mettaient ainsi à même de placer, au milieu des autres, quelques-unes de ces paroles comme il en savait dire, et qui portaient à Dieu avec tant de suavité.

Stanislas se surpassait lui-même, quand il par-

lait du grand bien que procure la vie religieuse.
Sa vie au milieu du monde avait été toute céleste,
et le surnom d'ange lui avait été donné quand il
était dans le siècle. Dieu vraiment, s'était montré
alors bien bon à son égard. Il avait, en quelque
sorte, changé pour lui la terre en paradis, ou au
moins il lui avait envoyé de ses anges pour le
consoler; la sainte Vierge en personne était venue
vers lui; il avait été favorisé au point de recevoir
les caresses de l'enfant Jésus et de pouvoir lui-
même le couvrir de ses baisers. Et cependant,
Stanislas, comparant cette vie toute miraculeuse
avec celle qu'il menait dans la Compagnie, n'hésitait pas à dire que la première était de nulle
valeur auprès de la seconde, que c'était une vie
pleine de misères, tandis que la vie religieuse était
pour lui le paradis. Il ne pouvait penser sans un
saint frémissement, ni sans verser d'abondantes
larmes, au danger qu'il avait couru de perdre ce
bien incomparable en différant pendant six mois
de parler à son père spirituel de sa vocation.

« Hélas! s'écriait-il, si Dieu s'était lassé de me
voir toujours sourd à sa voix, et si, pour me pu-

nir, il m'eut laissé dans le monde ! j'étais un ingrat, je l'aurais bien mérité. »

D'autres fois il disait encore, les larmes aux yeux, en parlant de la Compagnie : « Tous les biens me sont venus avec elle[1]. » « Que c'est un grand bonheur, l'entendait-on s'écrier souvent, que c'est un grand bonheur, d'être tout à Dieu, d'être à lui par une donation perpétuelle, irrévocable de tout soi-même ! Oh ! s'il y a de la félicité sur la terre, elle est là ! En retour Dieu est à moi. Comme cela est grand ! Oh ! n'est-ce pas la douceur des douceurs ? Vraiment, une telle vie convient plutôt aux habitants du ciel qu'aux pauvres exilés qui gémissent dans cette vallée de larmes. »

« Sans doute[2], disait-il encore, dans le siècle on peut donner beaucoup à Dieu ; mais celui qui donne beaucoup à Dieu dans le siècle ne se donne pas lui-même, et demeure son maître. » Une autre fois il disait : « L'homme est à Dieu ;

[1] Omnia bona venerunt pariter cum illa.
[2] Le Père Bartoli.

il ne doit pas faire sa volonté propre, mais seulement celle de son Créateur. Or, qui est mieux à même de vivre à chaque instant dans cette sainte dépendance de la divine volonté que le religieux? Ses supérieurs tiennent la place de Dieu auprès de lui, et ainsi il est assuré que le plus petit ordre qui lui est donné par eux, lui vient de Dieu même. Quelle incroyable consolation pour l'âme! Quelle source abondante de mérites! Si vous comptez toutes les actions de la journée, à partir du matin où l'on s'éveille, jusqu'au soir où l'on va prendre son repos, vous n'en pouvez pas trouver une seule qui n'ait été commandée par Dieu toujours dans la personne du supérieur qui tient sa place, ou par la règle, autre expression de la volonté du Seigneur. Quel trésor de mérites, encore une fois, et puis comme une pareille obéissance a de noblesse et de grandeur! Quoi de plus heureux que cette vie! Quoi de plus heureux qu'une mort qui couronne une semblable vie! Surtout si vous ajoutez à cela ce gage précieux de prédestination qui accompagne la vocation religieuse; et cette abondance de secours spirituels qui aident à parcourir heureusement la voie de la perfection qu'on fait profession d'embrasser, et qui conduit jusqu'aux portes de l'éternité bienheureuse. » Stanislas était intarissable quand on le mettait sur ce sujet qui avait un attrait particulier pour son âme, et il laissait voir, dans l'accent avec lequel il disait tout cela, l'immense reconnaissance pour son Dieu qui avait daigné l'appeler à une vie si sainte.

On a remarqué que ces choses, un peu sérieuses, prenaient dans sa bouche un charme indicible. Loin de fatiguer l'esprit de ceux qui conversaient avec lui, elles leur procuraient le plus doux délassement. Il est, en effet, très certain que, outre cette grâce inimitable avec laquelle il parlait toujours de Dieu et de tout ce qui tient à son saint service, outre cette onction céleste qui était visiblement un don de la divine bonté, Stanislas avait tout ce que l'on peut désirer pour plaire dans la conversation. Une gaieté très douce animait ce qu'il disait, et, quoique toujours digne et rempli de je ne sais quelle majesté qu'on aurait dite empruntée aux anges, il ne craignait pas quelquefois de paraître enjoué dans les innocents délassements de la récréation. Il avait souvent des réparties très aimables.

Un jour, le supérieur lui adressa cette question : « Frère Stanislas, quelles provisions feriez-vous si on vous commandait de vous préparer à partir pour les Indes? » Il répondit à l'instant et sans hésiter : « Mon Père, je tâcherais de me pourvoir d'un bon chapeau de patience, d'un manteau bien doublé d'amour de Dieu, pour n'avoir pas froid, et d'une forte paire de souliers de mortification, et je partirais aussitôt. »

Quoique Stanislas excellât en amabilité dans les conversations, cependant, pour le trouver lui-même et pour lui voir répandre toute son âme, pour le mettre enfin sur son terrain et dans son élément, il fallait qu'on lui parlât de la sainte Vierge. Impossible à lui de maîtriser les mouvements de tendresse surnaturelle qui se faisaient sentir à son cœur, quand il venait à être question d'elle. C'était, au reste, une chose si connue, que, quand on voulait s'exciter à la dévotion envers la sainte Vierge, on allait le trouver. Combien de fois,

non seulement les novices, mais les Pères même,
le recherchèrent pour l'entretenir sur ce sujet ! Il
possédait dans la perfection tout ce qu'il est possible de connaître sur les grandeurs de la Mère
de Dieu, parce que, aussitôt qu'il avait su lire, il
s'était mis à parcourir tous les livres les plus pieux
et les plus beaux qui parlaient de la sainte Vierge.
Dans la maison paternelle, puis à Vienne, il ne fit
presque pas autre chose que d'étudier les prérogatives de la Reine des anges. Après sa mort, on
a trouvé des cahiers où il prenait des notes sur
ses lectures, et où il écrivait aussi les lumières
surnaturelles dont Dieu daignait l'éclairer pour
compléter et perfectionner sa chère science. On
conçoit ainsi qu'il ait acquis les plus admirables
connaissances sur la dignité et l'excellence de sa
divine mère. Avec la piété qu'on lui connaît pour
elle, on peut juger de quelle manière il en savait
parler. Ceux qui l'ont entendu disent que pour
exprimer ce qu'il pensait d'elle ou de quelqu'une
de ses grandeurs ou de ses prérogatives, il ne se
servait pas des termes qu'on emploie ordinairement, et qu'il avait pour cela un langage à lui,

comme s'il eût trouvé que les mots du langage usuel ne traduisaient pas assez fidèlement la grande idée qu'il en avait; et encore souvent il s'arrêtait, comme quelqu'un qui cherche une expression pour rendre sa pensée et qui ne la trouve pas, sans causer pourtant de l'ennui à ceux qui l'écoutaient ; car les larmes alors venaient à son secours, et achevaient la phrase commencée, disant, à leur manière, que la divine Marie était, pour l'intelligence de cet enfant, un insondable abîme de perfections, comme elle était pour son cœur l'objet d'un inexprimable amour.

Il avait donc formé de nouveaux mots, inventé de nouveaux titres, créé des expressions de toute beauté, pour célébrer sa grandeur. Au-dessus des trônes et de la gloire que la piété se plaît à lui donner, il avait imaginé d'autres trônes plus beaux et une gloire plus éclatante, où son cœur pût la contempler avec plus de bonheur, ayant comme un besoin de la savoir bien grande, et se réjouissant, comme il est impossible de le dire, à la pensée qu'elle vient la première après Dieu : *Qua major sub Deo nullatenus intelligitur*[1]. Mais, encore une fois, ces idées lui étaient si familières, son âme s'en était nourrie dès son enfance avec tant d'amour, qu'il les exprimait sans effort, avec un naturel admirable, comme on dit enfin les choses qu'on aime le plus.

On le trouvait surtout intéressant quand il se mettait à raconter les apparitions que cette divine Vierge avait daigné faire sur notre terre, ou bien encore les beaux miracles que son amour de mère l'avait portée à opérer en faveur des hommes ses enfants, qui sont quelquefois si malheureux. Il avait recueilli les faits les plus touchants et les plus délicieux. Dans son récit, il avait soin de si bien dépeindre les lieux où les choses s'étaient passées et les personnes auxquelles était arrivé le fait raconté, qu'il mettait tout sous les yeux et qu'on croyait assister au miracle ou à l'apparition. Ainsi que nous l'avons déjà dit, sa modestie ne lui permettait pas de retenir trop longtemps ceux qui l'écoutaient, et, pour l'engager dans ces pieux dis-

---

[1] Dans la bulle de l'Immaculée Conception.

cours et faire qu'il s'oubliât un peu, on était obligé d'avoir recours à mille petites industries, car
on avait toujours peur de le voir finir trop tôt.

Stanislas utilisait surtout ses pieuses connaissances et le rare talent qu'il avait d'intéresser par
ses récits, quand il voyait la conversation se porter sur des sujets profanes. C'était selon lui trop
triste de penser à la terre et aux vanités de ce
misérable monde, tandis qu'il y a tant de belles
choses à dire sur Dieu. Le pieux jeune homme faisait alors violence à son humilité et essayait de
ramener le discours sur des choses plus élevées
et plus édifiantes.

Tels étaient ses sujets de conversation les plus
ordinaires. Il aimait encore à raconter de temps
en temps que le Saint-Esprit, dès ses plus tendres
années, avait daigné l'instruire sur les devoirs
qu'on a à remplir envers Dieu, aussitôt qu'on arrive à l'usage de la raison; il ajoutait qu'il avait
reconnu avec une joie indicible que sa vie appartenait tout entière à son Créateur, qu'il s'était
consacré à son service et qu'il s'était proposé de ne rien aimer sur la terre autant que

lui. Souvent il fondait en larmes en disant ces
choses. On conçoit sans doute bien facilement que
ces souvenirs aient eu pour l'âme si belle de ce
saint jeune homme quelque chose de très doux,
et qu'ils aient été capables de lui faire venir souvent les larmes aux yeux ; car, après tout, c'est
bien la joie des joies que celle d'avoir si intimement aimé ce qu'il y a d'uniquement aimable sur la
terre, et de n'avoir pu trouver dans sa vie un seul
instant où on n'ait pas été tout à Dieu.

Le Seigneur ne veut pas toujours que les faveurs dont il favorise ses saints restent cachées
sous le voile de l'humilité, dont ceux-ci se cou-
vrent avec tant de soin. C'est pourquoi il permet
que ces grandes âmes aient quelquefois, comme
nous, le besoin de s'épancher dans l'intimité d'une
confidence amicale et pieuse. Stanislas versa ainsi
dans le cœur d'un de ses frères plusieurs secrets
admirables. Arrivé à Rome, il avait eu besoin
d'un compagnon qui lui apprît la langue italienne.
Le maître des novices lui avait donné le frère
Étienne-Auguste. Plein de douceur, d'une piété
simple et candide, Étienne était donc souvent avec

le jeune Polonais, cherchant à l'accoutumer à la nouvelle langue. Stanislas l'aimait beaucoup, parce qu'il trouvait ses goûts conformes aux siens.

Les deux novices s'entretenaient donc souvent ensemble sur les choses célestes, et trouvaient les plus grands charmes à nourrir ainsi leur dévotion dans ces conversations intimes. Grâce à ces confidences, nous avons, de la bouche même de Stanislas, la précieuse relation des deux grands miracles que Dieu fit en sa faveur : la communion qu'il reçut de la main d'un ange, et la visite que lui fit la sainte Vierge. Voici comment il raconta ces merveilleuses choses :

La fête de sainte Barbe n'étant pas éloignée, Stanislas dit à Étienne : « Oh ! cher frère, si vous saviez tout ce que je dois à Dieu et à cette sainte martyre ! — Je comprends, lui répondit le frère Étienne, que nous devons beaucoup à Dieu ; mais ce que vous venez de me dire me fait soupçonner que vous avez des raisons spéciales de vous montrer à son égard plus reconnaissant. Il a dû vous accorder quelque grâce précieuse ; racontez-moi ce qui vous est arrivé. » Stanislas gardait le silence, tout embarrassé. Le novice, qui voyait son trouble, le pressait de parler et le conjurait de ne pas lui cacher ce qui lui était arrivé. Alors Stanislas commença : « Écoutez, mon frère, j'étais malade à Vienne, dans la maison d'un hérétique ; j'avais un ardent désir de recevoir le pain eucharistique, et je priais sainte Barbe de me faire la grâce de ne pas mourir sans avoir pris cette céleste nourriture. Je ne soupirais plus qu'après ce bonheur, quand je vis entrer dans ma chambre sainte Barbe et deux anges. C'est de la main d'un de ces anges que j'ai reçu le bon Dieu. » En disant ces mots Stanislas se mit à soupirer, et une flamme divine apparut dans ses yeux et sur tout son visage. Troublé dans sa modestie par la confidence qu'il venait de faire, il aurait voulu supprimer ce qu'il avait dit, et il ne se calma qu'après qu'Étienne lui eut promis de ne jamais parler à personne de cette affaire. Étienne fut fidèle à cette promesse tant que vécut son saint ami. Il apprit aussi de lui, une autre fois, que la sainte Vierge lui était apparue, et qu'il avait reçu d'elle la faveur de porter pendant quelque temps, entre ses bras, l'enfant Jésus, et de le couvrir de ses baisers.

Stanislas était au neuvième mois de son noviciat, quand il reçut une seconde lettre de sa famille. Le sénateur Kostka n'avait pu lire sans attendrissement, ainsi que nous l'avons dit, les lignes que Stanislas lui avait adressées. La fermeté de langage du saint jeune homme l'avait surpris, et peu à peu sa colère s'était apaisée pour faire place à une douleur plus tranquille, qui n'était pourtant pas encore la résignation. Il avait chargé Paul d'écrire de nouveau à ce fils qu'il pleurait avec des larmes si amères. Paul s'était rendu avec empressement aux désirs de son père, et c'est cette lettre qui fut alors remise entre les mains de Stanislas. Paul lui représentait tout le chagrin qu'il causait à sa famille; il lui faisait de grands reproches; mais il mettait dans ses paroles plus de mesure, espérant le gagner ainsi et le détourner de sa vocation sainte.

Stanislas lut cette lettre avec une profonde douleur, désolé de voir toujours frappés d'aveuglement des parents qui lui étaient si chers. Il sup-

plia les novices d'adresser au Saint-Esprit de
ferventes prières pour eux, et se proposa de
leur faire bientôt une réponse. Stanislas n'eut
pas le temps d'écrire cette nouvelle lettre; il
alla au ciel avant d'avoir pu la commencer, et c'est
de là seulement qu'il fit arriver à sa famille les
lumières et les grâces qui la sanctifièrent, et qui
touchèrent avec tant de force le cœur de son frère
Paul, ainsi que nous pourrons le voir plus tard.

CHAPITRE XXXIV

Comment saint Stanislas commença à éprouver un immense
désir de voir son Père céleste et sa Mère chérie, la sainte
Vierge, au paradis ; et comment après un discours du Père
Canisius, il annonça qu'il n'avait plus que quelques
jours à passer sur la terre ; enfin de sa joie, quand saint
Laurent lui est donné comme protecteur du mois.

Ayant toujours vécu sur cette terre comme dans
un lieu d'exil, Stanislas trouvait une grande douceur à penser au jour où Dieu daignerait lui dire
de la quitter. Il n'avait pas dans son cœur de plus
chère ni de plus délicieuse espérance. Mais quand
le Saint-Esprit vit qu'il était temps de faire enfin
aller au ciel cet ange qui végétait en ce monde et
qui y était déplacé et si dépaysé, il commença à

donner à ses désirs une ardeur nouvelle et une
force toute divine. Stanislas se sentit donc inondé d'un bonheur extraordinaire en pensant à la
mort. Jamais il ne l'avait envisagée avec une telle
d'allégresse. Il demeurait frappé du bien immense
qu'elle procure, du bonheur qu'elle donne en faisant finir l'exil, et en livrant à l'âme, créée pour
Dieu seul, son souverain bien durant toute l'éternité.

Il se proposa alors de demander à son Père céleste la grâce de mourir. Il se dit dans son âme
si pieuse : « Je vais mettre dans ma prière tant
d'instance, et je presserai Dieu si vivement, que
son cœur ne repoussera pas ma demande, et
qu'il m'exaucera, quand il verra que je ne puis
pas rester davantage éloigné de lui. » L'Assomption, qui approchait, lui sembla un beau moment
pour entrer dans le ciel. Voir pour la première
fois son auguste mère dans un pareil jour souriait délicieusement à sa piété si filiale. « Je
serai exaucé, se disait-il à lui-même, je serai
exaucé. » Et rien ne put lui enlever cette espé-

rance que Dieu et la sainte Vierge l'appelleraient à eux pour la fête qui approchait.

On était au premier jour d'août de l'année 1568. Les affaires de la religion avaient amené à Rome, au commencement de l'été, le Père Canisius. Cet homme de Dieu fut prié par le Père général de faire aux novices, qui demeuraient pour la plupart à Saint-André, une conférence spirituelle. Il vint donc au noviciat, où il trouva non seulement les novices, mais beaucoup d'autres jésuites que sa grande réputation avait attirés. Se voyant entouré de tant de monde, il se demanda à lui-même quel sujet il pourrait traiter pour faire quelque bien à toutes ces âmes et les animer à suivre avec plus de ferveur les saintes pratiques de la vie religieuse.

La pensée lui vint que le premier jour d'août était consacré aux joies profanes. Les anciens Romains croyaient que tout le mois était heureux quand le premier jour se passait bien. Comme les chaleurs d'août sont si grandes qu'elles causent souvent beaucoup de maladies, ils avaient coutume de consacrer aux réjouissances le premier jour de ce mois, afin que, tous les autres jours devant lui ressembler, ils n'eussent point ainsi à craindre quelque maladie ou quelque fièvre dangereuse durant tout le cours de ce mois. Cet usage de passer en fêtes le premier jour d'août avait été conservé jusqu'au temps du Père Canisius, et les Romains l'ont encore aujourd'hui. A cause de cela, on appelle vulgairement le prémier d'août *Ferrare Agosto* [1].

Le Père Canisius tira sa conférence spirituelle de cette pratique superstitieuse, et montra combien il était facile de la sanctifier et de la rapporter à Dieu et au salut de son âme.

Il établit avec une grande sagesse qu'il ne fallait pas seulement bien passer le premier jour du mois d'août, afin que ce mois tout entier fût plein de mérite pour chacun, mais qu'il fallait bien passer le premier jour de chaque mois de l'année, pour que toute l'année fût sainte. Et il enseigna la manière dont on pouvait s'y prendre pour arriver à ce résultat précieux. « Que chacun, disait-

[1] Fêter le mois d'août

il, regarde le premier jour de chaque mois, et
ainsi le mois entier, comme si ce jour et ce mois
étaient le dernier jour et le dernier mois de sa vie.
Il y aura certainement un mois et un jour qui
sera le dernier jour et le dernier mois de notre
vie. Nous ignorons seulement quel est ce mois ou
ce jour. Peut-être ne verrons-nous pas la fin de
celui qui commence. Aussi, si nous sommes rai-
sonnables, nous devons nous dire à nous-mêmes :
ce jour est peut-être le dernier pour moi. Je vais
le passer comme si je ne devais plus rester que
ce temps sur la terre. Si réellement nous n'avions
plus qu'un jour à être sur la terre, ou si seulement nous avions cette pensée en notre esprit,
comme nous nous efforcerions de l'employer
saintement! Avec quel soin nous préparerions les
comptes de notre conscience ; comme nous met-
trions à cela une exactitude pleine d'empressement, devant être appelés le soir au redoutable
tribunal du Juge suprême, pour recevoir de lui
une sentence irrévocable de vie ou de mort éternelle! Comme nous ferions attention afin de ne
pas perdre une heure d'un pareil jour, ni un jour

d'un pareil mois, et comme nous éviterions d'employer à des choses inutiles le plus petit instant qui nous resterait ! La moindre parcelle d'un temps si précieux nous semblerait d'un prix infini, puisque avec elle nous pourrions acheter la possession éternelle de ce bien incomparable qui est Dieu. »

L'onction de sainteté avec laquelle le vénérable Père Canisius développa ces vérités si graves, produisit un effet admirable. Chacun se sentit animé du désir de profiter de ces conseils pleins de sagesse.

Au noviciat, cette conférence fit l'objet de toutes les conversations. Les jeunes frères s'en entretenaient et repassaient une à une, pour ainsi dire, les paroles édifiantes que le Saint-Esprit avait daigné leur adresser par la bouche de l'homme de Dieu. Stanislas était plus frappé que tous les autres. Avec un air plein de sérénité et de douceur, il dit à ceux qui étaient près de lui : « Ces avertissements si salutaires ont été donnés à tout le monde par l'homme de Dieu. Mais c'est surtout moi qu'ils regardent parce que je dois mourir dans ce mois. Aussi je les ai reçus comme des paroles qui me venaient du Ciel. » Personne ne pensa à prendre au sérieux ce que Stanislas dit alors, car il n'y avait rien en lui qui pût faire craindre que sa fin fût prochaine. On ne voyait aucune altération dans sa figure ; au contraire, la santé semblait y briller, et il avait toute la vigueur et toute la force qu'on peut désirer dans un jeune homme de son âge.

Saint François de Borgia, étant encore duc de Candie, avait introduit dans sa maison le pieux usage de faire tirer au sort à tout le monde, au commencement de chaque année, le nom d'un saint. Chacun prenait pour protecteur, durant toute l'année, le saint dont le nom lui était échu. On devait lire avec attention la vie et les belles actions de ce bienheureux, afin de pouvoir s'appliquer ensuite à imiter ses vertus ; quand sa fête arrivait, on se préparait à la célébrer par des pénitences et par des jeûnes ; le jour, on communiait et on faisait des bonnes œuvres en son honneur. Devenu général de la Compagnie de Jésus, saint François de Borgia introduisit, parmi les Pères, cette pratique qu'il avait fait embrasser aux nobles chevaliers de sa maison ; mais il en rendit l'usage plus fréquent, et voulut qu'elle eût lieu chaque mois. On distribuait donc ainsi aux religieux, tous les premiers jours du mois, les noms des saints tirés au sort.

Comme on était au premier jour d'août, Stanislas attendait avec un pieux empressement le saint que la main de Dieu allait lui choisir pour le protéger pendant les derniers jours qu'il devait passer sur la terre. Il espérait que ce saint s'efforcerait de lui être utile et lui obtiendrait la grâce, tant désirée de son cœur, de voir la sainte Vierge le jour de l'Assomption. Il se réjouissait déjà en pensant à toutes les prières qu'il allait lui adresser, afin de le porter à s'occuper de lui et à employer tout son crédit auprès de Dieu pour le faire aller au plus vite en paradis. La joie de Stanislas fut au comble quand il vit sortir pour lui le nom de saint Laurent. Déjà il avait eu recours à son intercession, et s'en était si bien trouvé, que la plus ferme espérance d'obtenir ce qu'il désirait entra dans son cœur.

Le pieux novice résolut de commencer tout de suite une neuvaine en l'honneur du saint martyre. Il pria ses supérieurs de lui permettre d'augmenter ses pénitences et de prolonger ses oraisons, ne voulant rien épargner pour mériter que saint Laurent daignât prendre pitié de lui. Il fit donc avec une grande consolation tout ce que ses supérieurs lui permirent.

CHAPITRE XXXV

Comment saint Stanislas alla visiter la basilique de Sainte-
Marie-Majeure, et des admirables choses qu'il dit au
Père qui était avec lui, sur les grandeurs de la Reine
des anges.

Stanislas était déjà au quatrième jour de sa neuvaine à saint Laurent, lorsque le Père Emmanuel
Sa le pria de venir avec lui faire une visite à la
sainte Vierge dans l'église de Sainte-Marie-Majeure.
C'était la solennité de Notre-Dame-des-Neiges. On
sait que cette fête a été instituée en mémoire d'un
grand miracle que daigna opérer la sainte Vierge
en faisant tomber de la neige au mois d'août sur
le mont Esquilin, pour désigner l'endroit où elle
désirait qu'on lui bâtît un temple et où elle se
verrait avec plus de plaisir honorée et invoquée.

Stanislas eut une joie extrême d'aller avec ce Père prier la Reine des anges dans sa belle basilique. Durant tout le chemin le vénérable religieux et le pieux novice ne parlèrent ensemble que de la sainte Vierge. Il n'y avait plus que dix jours jusqu'à la fête de l'Assomption, et naturellement la conversation tomba sur cette grande solennité.

Jamais, nous dit le père Emmanuel, Stanislas n'avait paru si joyeux ; jamais il n'avait paru touché à ce point de la gloire de sa divine Mère et de l'ineffable bonheur dont elle jouissait dans les cieux. Toujours éloquent lorsqu'il disait quelque chose d'elle, parce que c'était son cœur alors qui, s'épanchant avec une infinie douceur, créait les expressions les plus magnifiques, pour mieux rendre la grande idée qu'il avait de cette Reine auguste et le profond amour qu'il lui portait ; parlant donc toujours d'elle avec une onction céleste, en cette circonstance, il sembla se surpasser lui-même ; et selon que le raconte le Père Emmanuel, jamais de sa vie il n'avait rien dit d'aussi ravissant.

« Je crois, s'écriait-il avec une tendresse touchante, que le jour où la sainte Vierge entra dans le paradis, tous les anges furent remplis d'une grande allégresse. Le ciel dut prendre une beauté qu'il n'avait jamais eue jusque-là, ou plutôt on dut voir dans le ciel un nouveau ciel, à ce moment où l'incomparable Reine du paradis apparut couronnée de toute la gloire que Dieu peut donner à une créature. A ce beau moment, il n'y eut pas un seul ange, à quelque degré de la hiérarchie céleste qu'il appartînt, une seule âme de saint qui, impressionnée par tant de gloire, n'ait éprouvé le besoin d'incliner sa tête et de l'abaisser jusqu'aux pieds de la sainte Vierge, à qui Dieu venait d'accorder le premier rang après lui. Et ces témoignages de profond respect donnés à l'auguste Marie par tout ce qu'il y avait eu de plus élevé dans les cieux jusque-là, n'étaient que justice ; car ce qu'il y a de moins grand dans les prérogatives de cette divine Mère, si tant est qu'il y ait en elle quelque chose qui ne soit pas le comble de la grandeur, et ce qu'on pourrait trouver de moindre dans sa gloire, est plus beau est plus digne d'honneur que ce qu'il y a de plus élevé dans les anges.

De sorte que Marie est d'autant supérieure au reste des esprits célestes qu'elle est plus près de Dieu ; et il y a une grande proximité entre le fils et la mère, une si grande, qu'on n'en peut pas concevoir de plus grande ; et Marie est mère de Dieu. Sur la terre, nous célébrons cette fête chaque année ; si, au ciel, les saints la font comme nous, j'espère que je serai au milieu d'eux, quand ils lui chanteront leur cantique de louange, cette année, en sa belle solennité qui approche. »

C'est alors que le Père Emmanuel, ravi d'admiration en entendant ainsi parler le saint jeune homme, l'interrompit tout à coup pour lui dire : « Vous l'aimez donc bien, la sainte Vierge ? — Eh ! mon Père, que me dites-vous ? reprit vivement Stanislas, si je l'aime !... mais elle est ma mère. »

Le Père Emmanuel avoua que Stanislas prononça ces paroles avec un accent saisissant, et que sa voix avait en ce moment quelque chose de surhumain. Le geste qu'il fit, la lumière qui vint éclairer sa figure angélique, et l'attendrissement surnaturel dont il se trouva saisi, en un mot l'expression touchante qu'il donna à ces paroles si simples ne s'effaça jamais de son souvenir. Quand il vit le Père François Borgia, il ne put s'empêcher de lui raconter tout ce que Stanislas lui avait dit en allant à Sainte-Marie-Majeure. Il lui rapporta surtout ses dernières paroles, qui l'avaient tant frappé. Le vénérable Père général, qui avait aussi pour la sainte Vierge une grande piété, s'attendrit beaucoup à ce récit. Toutefois ni lui ni le Père Emmanuel ne pensèrent qu'il fallait prendre à la lettre ce que Stanislas avait dit de l'espérance qu'il nourrissait dans son cœur d'être au ciel pour le jour de l'Assomption. Tous deux se contentèrent de regarder ces paroles comme l'expression toute simple d'un pieux désir.

CHAPITRE XXXVI

Comment saint Stanislas demanda à Dieu de le faire mourir, et comment il écrivit une lettre à la sainte Vierge pour qu'elle lui accordât la grâce d'être au paradis le jour de l'Assomption.

Cependant le saint novice sentait chaque jour augmenter en lui le désir de voir la Reine des anges, sa douce mère. La terre devenait de plus en plus pour lui un séjour plein de tristesse. Il était impatient de la quitter pour aller au plus tôt rejoindre la sainte Vierge, et n'être plus privé, comme il l'avait été si longtemps, de contempler ses traits chéris. C'est ce qui lui faisait redoubler ses intances auprès de saint Laurent, pour qu'il voulut bien lui obtenir la grâce de mourir le jour de l'Assomption.

Toujours simple comme un enfant, mais de cette sublime simplicité qui fait naître l'admiration et l'attendrissement dans toutes les âmes, il eut une pensée : dans son cœur ingénu et si pieux, il s imagina que la sainte Vierge, sa bonne mère, pourrait être vraiment touchée, s'il lui écrivait une lettre ; qu'il lui ferait peut-être mieux comprendre, de la sorte, combien il s'ennuyait dans cette vallée de larmes, combien il se faisait une fête de mourir ; surtout combien elle serait bonne si, prenant pitié du grand amour qui faisait languir son pauvre enfant, elle daignait abréger les jours qu'il avait encore à passer sur la terre, et le faisait venir près d'elle tout de suite.

Cette pensée naïve lui sourit beaucoup. Pour faire parvenir à sa sainte mère qui demeure au ciel sa pieuse lettre, il n'était pas embarrassé. Il avait saint Laurent qui se chargerait de ce soin. Sa fête était prochaine, il ne lui refuserait pas ce service, lui qui était son protecteur.

Stanislas se mit donc à écrire sa lettre. Il ex-

posait à la sainte Vierge avec une simplicité délicieuse qu'il ne pouvait pas rester plus longtemps
sans la voir ; qu'il passait ses jours et ses nuits à
pleurer éloigné d'elle ; qu'il s'était toujours trouvé
comme perdu sur cette terre, n'ayant rien là de
ce qu'il aimait si tendrement ; qu'il avait tâché
jusqu'ici de prendre patience, mais qu'à présent
il lui était impossible d'attendre davantage, et
qu'il se mourait dans son exil. Il la suppliait d'une
manière pressante de le faire venir à côté d'elle
pour sa prochaine fête lui disant qu'il avait mis
tout son bonheur à savoir qu'elle est grande et
comblée de gloire, et qu'elle le consolerait beaucoup, si elle daignait permettre qu'il la voie pour
la première fois au milieu du triomphe de son
assomption.

Il couvrit de larmes d'amour cette lettre si touchante, la plia et la déposa dans un lieu où il se
proposait de la prendre le lendemain.

On était à la veille de la fête de saint Laurent.
Tout le jour se passa pour Stanislas dans le recueillement et la prière, et sur le soir on lui permit la flagellation publique au réfectoire. Cette

mortification salutairement humiliante donna une nouvelle ardeur à sa dévotion. Le lendemain au matin, avant d'aller à l'église, il n'oublia pas de prendre avec lui la lettre qu'il avait écrite à la sainte Vierge, afin de la remettre à saint Laurent le jour même de sa fête. L'ayant donc placée sur sa poitrine quand il eut communié, il pria son cher protecteur de la présenter de ses mains à la Reine des anges.

On ne dit pas si cette lettre fut emportée aux cieux, ou si la sainte Vierge se contenta de la lire entre les mains de son enfant bien-aimé. Ce qu'on sait, c'est qu'à partir de ce moment, Stanislas eut la certitude qu'il était exaucé dans sa prière, et qu'il mourrait le jour de l'Assomption.

Le saint jeune homme, en faisant son action de grâces, avait de la peine à contenir en lui-même son bonheur. Il allait donc enfin voir sa mère dans quelques jours ; il l'avait conjurée de lui faire cette grâce ; la sainte Vierge avait bien voulu, et il savait avec quel amour elle lui faisait ce plaisir. Il pouvait se regarder dès maintenant comme un habitant de la Jérusalem céleste. Des joies de cette nature ne se goûtent guère sur la terre ; il est difficile d'en avoir une idée et de juger en quels saints transports cela mit notre angélique jeune homme.

Mais comme les joies célestes, en même temps qu'elles sont vives, font naître la plus délicieuse paix, Stanislas se releva et quitta les saints autels, emportant avec tranquillité dans son âme l'assurance qu'il allait être bientôt au paradis. Il reprit de suite le cours de ses occupations ordinaires, comme s'il n'eût pas été déjà du ciel.

Toujours humble et mettant ses délices à s'occuper aux travaux les plus bas et les plus vils, il avait demandé à son supérieur la permission d'employer la matinée de la fête de saint Laurent au service de la cuisine. On n'avait pas jugé à propos de lui refuser ce qu'il sollicitait comme une grâce, et c'est là qu'il se rendit après la sainte messe.

Habillé avec les vêtements qu'on est obligé de prendre pour vaquer à cet office d'aide de cuisine, Stanislas, appelé à s'asseoir bientôt à côté des anges au ciel, s'entretenait, tout en travaillant,

dans les pensées les plus pieuses à la vue du feu
qui lui rappelait naturellement les supplices du
saint martyr. Il le voyait en imagination au milieu
des flammes, et admirait avec une consolation
très douce comment ce diacre héroïque s'était
laissé si cruellement brûler par amour pour son
Dieu. Stanislas qui sentait si bien avec quelle ardeur Dieu est digne d'être aimé, et qui aurait voulu
voir à toutes les créatures des cœurs d'ange, afin
qu'elles l'aimassent davantage, se complaisait à
méditer sur le courage de cet invincible lévite.
Cela le mettait dans une indicible allégresse de
penser que le feu de l'amour divin qui brûlait dans
le cœur de saint Laurent était plus ardent que le
feu qui consumait son corps, puisque ce sublime
amour lui faisait mépriser les flammes dévorantes
que les bourreaux activaient sous l'horrible gril
où il était étendu.

CHAPITRE XXXVII

Comment saint Stanislas tomba malade, et de la peine qu'il avait à contenir sa joie, afin de ne pas affliger ses frères.

Stanislas ne se regardait plus comme appartenant à la terre ; il comptait les heures qu'il devait encore passer privé de la vue de la sainte Vierge, et ne pouvait retenir les larmes que la joie lui faisait répandre. Il passa toute la journée au milieu des plus suaves délices ; mais, sur le soir, il sentit sa joie redoubler en voyant la fièvre venir. Ses supérieurs s'aperçurent qu'il souffrait, et, bien que pour le moment ce ne fût à leurs yeux qu'une indisposition légère, ils lui commandèrent de se mettre au lit. Plusieurs novices allèrent l'accompagner. Stanislas, d'un air joyeux et souriant, leur apprit qu'il n'avait plus que quelques jours à vivre.

La fièvre, qui menaçait, finit par se déclarer, et on jugea à propos de transporter le saint malade dans une chambre plus commode de l'étage supérieur. Stanislas, en se couchant, fit sur le lit un signe de croix, et, élevant avec une expression très douce ses yeux vers le ciel, il dit d'un ton de voix qui trahissait le bonheur dont son âme était remplie : « Courage ! Dieu soit béni ; je ne me lèverai plus jamais d'ici. » Il vit que ces paroles faisaient de la peine à ceux qui l'entouraient, et, la tristesse qui apparut aussitôt sur leur figure l'attendrissant, son cœur sentit le besoin de les consoler, et il se hâta d'ajouter : « Je mourrai, si telle est l'adorable volonté de Dieu. »

Ainsi obligé de cacher la joie qu'il avait de quitter la terre, pour ne pas trop affliger ses frères, Stanislas ne put cependant se contenir quand vint le voir le Père Aquaviva avec lequel il était intimement lié. Après quelques mots échangés, son précieux secret lui échappa, et il raconta à ce Père que depuis quelque temps il avait un extrême dé-

sir d'aller au ciel; qu'il ne pouvait vraiment plus
vivre éloigné de la sainte Vierge, sa mère chérie;
que, n'y tenant plus, il s'était adressé à saint Laurent pour que ce grand martyr lui obtînt la grâce
de voir l'Assomption prochaine en paradis. Et avec
une voix entrecoupée de sanglots et de larmes, il
lui disait que saint Laurent lui avait donné l'assurance que sa prière était exaucée, et que les anges
le regardaient déjà comme un des leurs.

Stanislas raconta la même chose au Père Alphonse Ruiz, son supérieur, pour lequel il n'avait
rien de caché. Mais ni lui ni le Père Claude Aquaviva ne pouvaient se résoudre à penser que sa mort
était prochaine. A certains moments, impression-
nés par l'air convaincu avec lequel le pieux jeune
homme leur avait parlé, ils appréhendaient que
sa prédiction ne fût vraie; mais, éprouvant bientôt
dans leur cœur le besoin de se rassurer, ces hommes
vénérables réfléchissaient en eux-mêmes et se disaient: « Il est dans la fleur de l'âge; il conserve
encore toutes ses forces; sa figure n'est ni pâle ni
abattue; comment croire qu'une fièvre aussi légère
soit capable de le faire mourir? » Puis ils consul-

taient les médecins, qui répondaient tous sans hésiter que cette indisposition n'était pas de nature à avoir des suites sérièuses, et qu'il faudrait un mal bien autrement violent pour enlever en trois jours un jeune homme aussi bien constitué.

On était à la veille de l'Assomption, et rien n'indiquait le prochain départ de Stanislas pour le ciel. La fièvre n'avait pas augmenté, et le malade se trouvait à peu près dans le même état que le premier jour où il se mit au lit. On était bien tranquille à son sujet. On lui donnait sans doute les soins les plus empressés, mais on regardait sa maladie comme légère. Lui seul savait ce qui allait arriver. Il ne s'inquiétait pas, au reste, en voyant que le mal ne faisait aucun progrès. Il savait que Dieu le faisait mourir par faveur, et il comprenait que ce Dieu bon, voulant rompre lui-même les liens qui tenaient son âme captive sur la terre, avait à cœur que cela fût fait avec une douceur si grande, qu'on ne pourrait s'empêcher d'y voir la trace de sa divine main. Il s'abandonnait donc à lui avec amour, et attendait.

A mesure que les heures s'écoulaient, il sentait

son allégresse augmenter, et à un moment, ne pouvant plus la contenir, il dit à un frère qui était près de lui: « C'est cette nuit que je vais au ciel. » Le frère lui répondit en souriant: « Pour mourir d'une maladie aussi légère, il faudrait un bien plus grand miracle que pour en guérir. » Puis il ajouta en plaisantant: « A moins que la Vierge très sainte, que vous aimez tant, ne vous demande au ciel pour assister au triomphe de son Assomption. »

Ceci se passait dans la matinée du jour qui précède la grande fête de la sainte Vierge. Vers midi, Stanislas sentit tout à coup ses forces l'abandonner, et tomba dans un évanouissement, comme quelqu'un qui se meurt. On fut effrayé de le voir dans cet état, et tous ceux qui jusqu'ici avaient refusé de croire à la prédiction qu'il avait faite plusieurs fois de sa mort prochaine, commencèrent à craindre pour ses jours.

Il est facile de s'imaginer en quelle consternation toute la maison fut alors plongée. Stanislas était tout ce qu'elle avait de plus précieux. Chacun se désolait, pensant aux admirables exemples de sainteté dont on allait être privé. Celui-ci se rappelait sa profonde humilité ; celui-là, sa pureté et sa modestie angéliques ; cet autre, sa charité si tendre pour tous ; celui-ci, telle vertu ; celui-là, telle autre encore. Tous, nous dit le pieux auteur que nous aimons à citer[1], suppliaient à chaudes larmes la divine bonté de ne pas leur enlever ce saint jeune homme qui, par ses habitudes angéliques et ses ferventes prières, pouvait être appelé l'ange tutélaire de la maison.

On employa toutes sortes de remèdes pour faire revenir Stanislas de son évanouissement. Le Père Jules Fazi avait été aussitôt appelé, et plusieurs Pères étaient accourus avec lui. Ils entouraient le lit du saint malade. Quand Stanislas eut repris connaissance, le Père Fazi lui dit en plaisantant doucement : « Frère Stanislas, comment, vous n'êtes pas plus courageux que cela ! Vous vous laissez abattre par un mal aussi léger ! » D'une voix faible, et le sourire sur les lèvres, Stanislas lui répondit aussitôt : « Cela est bien vrai, mon Père, je n'ai

[1] Le Père Longaro.

point de courage; mais je n'en puis plus, mes forces m'abandonnent, je vais mourir. »

On vit qu'il disait vrai, car une sueur froide commençait déjà à couler sur sa figure et sur tout son corps, et il n'avait plus la force de faire le moindre mouvement.

Comment saint Stanislas mourut au milieu des plus suaves
délices, et comment la Reine des anges, à la tête d'un
chœur de vierges, vint au devant de son âme.

Le saint malade soupirait après l'instant où son
âme allait quitter la terre pour s'envoler auprès
de Dieu. N'ayant plus qu'un souffle de vie, il demanda avec larmes à son supérieur de vouloir bien
permettre qu'on le levât de son lit, parce que son
désir était de mourir par terre. Cette grâce lui fut
d'abord refusée. Mais il fit des instances si touchantes, disant que rien ne le consolerait tant que
d'attendre la mort couvert du cilice et couché sur
la cendre, et il demanda cette faveur avec tant
d'humilité, que le supérieur ne put retenir ses

larmes. Pour le contenter dans ses pieux désirs le vénérable Père fit étendre sur la terre nue une simple natte de jonc, et Stanislas eut le bonheur d'y être couché. C'était à faire pleurer, dit un auteur, que de le voir dans une posture si humble, avec son air tout céleste, ravi en Dieu. On se sentait animé de dévotion à ce spectacle.

Cependant les novices cherchaient à s'approcher du pauvre lit de leur saint frère, afin de lui donner leurs commissions pour le ciel, où il était près de se rendre. Chacun lui faisait sa recommandation, lui exposait ses besoins particuliers, et le chargeait de présenter à la sainte Vierge ses demandes. Stanislas les accueillait tous avec douceur, et, souriant et remuant un peu la tête, il leur montrait qu'il avait compris, et qu'il ne demandait pas mieux que de leur être utile, quand il serait arrivé dans la céleste patrie.

Son confesseur vint arrêter ces pieux entretiens. En le voyant, le saint malade sentit toute sa foi se ranimer. Il se confessa avec une grande abondance de larmes, ensuite on pensa qu'il était temps de lui apporter le saint viatique. On alla donc,

sans tarder davantage, chercher l'adorable Sacrement. Au moment où Jésus-Christ caché sous les
voiles eucharistiques, entra dans la chambre, il
y eut une scène qui attendrit beaucoup tous ceux
qui en furent témoins. En voyant son doux Sauveur qui venait à lui, Stanislas ne put maîtriser les
transports de son amour; son émotion éclata dans
tous ses traits; sa figure pâle s'enflamma et devint
animée d'un feu céleste. Ses yeux étaient brillants,
et des larmes en coulaient. Tout son corps, déjà
glacé par la mort, parut se ranimer un instant et
tressaillir de la plus douce allégresse; il se soule-
vait de-dessus la pauvre couche où il était étendu,
et semblait vouloir aller au-devant de son Dieu.

Avant de communier, il s'humilia en présence
de tout le monde, demandant pardon des fautes
qu'il avait commises et des scandales dont il s'était
rendu coupable. Puis, avec les sentiments de la
plus vive reconnaissance, il remercia la Compagnie
de ce qu'elle s'était montrée si bonne mère à son
égard, quoique lui n'eût jamais été pour elle qu'un
méchant fils. Il pria tous ses frères de le recommander à Dieu avec ferveur; il les assura, en même

temps que si le Seigneur, usant de sa grande miséricorde, daignait, au sortir de ce monde, l'accueillir aussitôt dans ses bras, comme il en avait la douce confiance, il ne les oublierait pas, et saurait bien retrouver dans son cœur leur nom et leur cher souvenir.

Après cela, il reçut son Dieu, puis entra dans un doux recueillement, où son âme sainte combla d'amour celui qu'elle allait bientôt voir face à face. Sa consolation était si grande d'être déjà en possession de Dieu ! Il savait que le ciel ne pourrait pas lui donner davantage que ce qu'il avait ; le ciel ne lui en donnerait que la vue. Le saint malade s'entretenait doucement dans ces admirables sentiments que la foi inspire, et qui rendent si heureux quand on va mourir.

Quelque temps après, on lui donna l'extrême-onction. Il répondit à toutes les prières avec une tendre piété. L'agonie, qui venait, lui laissait une présence d'esprit et un calme admirables. Toujours la même sérénité de visage, le même parfum de piété dans ses paroles : la souffrance n'enlevait rien à ses traits de cette beauté céleste qu'on lui avait toujours vue, et qui plutôt croissait à mesure qu'il s'approchait davantage du ciel. On devinait facilement qu'il avait au fond du cœur une consolation ineffable qui le mettait au-dessus de tous les maux dont son corps était accablé.

On lui demanda s'il était bien soumis à l'adorable volonté de Dieu et pour la vie et pour la mort. Il répondit avec une voix pleine de douceur et légèrement émue par la joie : « Mon cœur est prêt, [1] mon Dieu mon cœur est prêt ». Il voulut encore se confesser une ou deux fois, afin de se purifier de plus en plus, et d'être mieux en état de gagner l'indulgence que l'Église accorde aux mourants.

Si quelqu'un, parmi ceux qui l'entouraient, disait quelque parole pieuse, Stanislas lui souriait avec un air angélique, et le regardait avec une expression qui montrait quel grand bien ces mots faisaient à son âme ; son âme alors s'élevait à Dieu dans un élan plein de douceur, et ses yeux se tournaient du côté du ciel, tout remplis de larmes.

[1] Paratum cor meum, Deus, paratum cor meum. *Ps.*

De temps en temps il les abaissait sur une petite image de la sainte Vierge qu'il avait près de lui ; il regardait quelques instants cette image avec une indicible tendresse, puis la baisait avec une suavité telle, qu'on aurait cru que « son cœur était passé sur ses lèvres », dit un auteur, et qu'une partie de sa dévotion se répandait dans l'âme de tous ceux qui le voyaient. Il prenait aussi quelquefois la sainte image après l'avoir couverte de baisers, et la mettait sur son cœur.

Un Père de la Compagnie, qui habitait dans la maison professe, étant venu le voir, aperçut dans sa main un rosaire. Comme c'était le faire revivre que de lui parler de la sainte Vierge, sa divine mère, et que le plus petit mot qu'on lui disait d'elle le mettait dans une inexprimable allégresse, le Père lui fit cette question : « A quoi bon ce rosaire entre vos mains, puisque vous ne pouvez pas le réciter ? » Stanislas, en souriant doucement, lui répondit : « Ce rosaire est à ma divine mère ; je pense à elle en le regardant ; sa vue seule me fait du bien ; et puis quelquefois je l'embrasse ; cela rend mon cœur si heureux ! » Le Père alors re-

prit : « Oh ! quand vous allez la voir dans un instant, votre mère bien-aimée, quand vous allez vous
présenter à elle, et qu'elle vous fera signe d'approcher et vous donnera sa main à baiser, vous
pourrez mieux que maintenant encore lui montrer votre tendresse filiale. » On raconte qu'à ces
mots Stanislas parut oublier qu'il allait mourir;
la vie lui revint tout à coup, et, l'âme remplie d'une
ineffable joie, il se mit à élever, avec un transport
qui étonna tout le monde, sa main qu'il ne pouvait déjà plus remuer. Sa figure si pâle devint de
nouveau enflammée, et tout son corps parut se
soulever et se dresser, comme s'il avait voulu
prendre son vol au ciel ; il semblait dire dans
cette action si vive : « Je m'en vais, je m'en vais. »

Il retomba bientôt sur sa pauvre natte de jonc,
et on le vit, quelques instants après, prendre encore dans ses mains l'image de la sainte Vierge.
Il trouvait un indicible bonheur à attacher son regard sur cette image pieuse, il la contemplait avec
tendresse, sans rien dire; puis se mettait à appeler
doucement sa mère, regardait encore sa chère
image, la pressait contre son cœur, l'approchait

avec amour de ses lèvres, et se fondait de tendresse en l'embrassant.

Vers minuit, Stanislas, sentant sa vie s'en aller, interrompit ses pieuses prières et dit en latin à son supérieur : « *Tempus breve est* [1]. » Le Père répartit aussitôt : « *Reliquum est ;* » et Stanislas ajouta : « *Ut præparemus nos.* » On le vit prendre alors entre ses mains l'image de Notre-Seigneur crucifié. Tout le monde se mit à genoux, et on commença la recommandation de l'âme. On sait que l'Église, qui est une mère, parle toujours avec une voix consolante et pleine de douceur à ses enfants. Mais il est une circonstance où elle semble redoubler de tendresse, et où elle se surpasse elle-même : c'est quand elle console celui qui va mourir. Certainement elle a mis dans les prières des agonisants toute l'onction et toute la divine douceur de son cœur maternel. La beauté de ces prières devait naturellement charmer Stanislas. Pour les mieux suivre, et pour en goûter

---

[1] Le temps est court ; employons le peu qui nous reste à nous préparer.

toute la suavité, il pria ceux qui étaient auprès de lui de les réciter posément. Il répondait avec toute l'émotion que ces supplications si solennelles et si touchantes sont capables de causer à celui qui se trouve dans ce moment suprême.

Le supérieur, craignant que Stanislas ne fût fatigué par la longueur de ces saintes prières, lui demanda s'il ne fallait pas les interrompre. « Oh ! non, mon Père, répondit le pieux jeune homme, cela me console. » Cependant le Père jugea à propos de s'arreter quelques instants. Alors Stanislas continua à appeler à son secours, avec une ferveur admirable, tous les saints du paradis, les nommant les uns après les autres, puis demandant pardon à Dieu de ses fautes, et le priant de l'aider en ce grand moment où son âme allait quitter son corps. On le vit prendre ensuite son crucifix avec une piété qui tirait les larmes des yeux ; il approchait ses lèvres de chacune des plaies de son divin Sauveur, baisait ses pieds, baisait ses mains baisait la plaie de son cœur, et recommençait encore, trouvant un goût extraordinaire à cela ; puis il revenait à ses saints, ceux qu'il avait toujours le plus aimés, et les invoquait avec une foi admirable. Il demanda qu'on lui lût les noms de ceux qui lui avaient été donnés chaque mois pour protecteurs durant son noviciat. Son cœur pieux lui avait inspiré la pensée de les inscrire sur un petit livre, afin de ne les oublier jamais. On s'empressa de prendre le livre et de lui réciter les uns après les autres ces noms chéris. Il était facile de lire dans son regard avec quelle ferveur Stanislas se recommandait à ses saints, à mesure qu'il les entendait appeler.

Tout à coup, on le vit se recueillir en lui-même, il cessa d'embrasser l'image de sa sainte mère, qu'il voulait toujours avoir à la main ; il laissa son crucifix et devint immobile. Au mouvement de ses lèvres, à l'expression de ses yeux mouillés de larmes, on reconnaissait qu'il vivait encore : jamais une semblable allégresse n'avait apparu dans sa figure. L'auguste Mère de Dieu venait d'entrer dans sa chambre avec un cortège de vierges ; le saint jeune homme l'avait aussitôt reconnue ; il lui avait été déjà donné plusieurs fois de la voir. Elle venait pour l'emmener avec elle au paradis.

A ce trait si admirable de sa bonne mère, Stanislas comprit mieux que jamais qu'elle sait bien rendre l'amour qu'on lui porte. C'est cette visite céleste qui le retenait dans les douceurs du plus délicieux ravissement [1].

Ceux qui étaient auprès du saint malade ne voyaient pas la Reine des anges : ils n'apercevaient pas non plus son beau cortège de vierges qui remplissait la chambre. Ils remarquaient seulement

[1] Cette apparition admirable est relatée dans le *Procès romain*, p. 791. Tous les auteurs qui ont écrit sur saint Stanislas en parlent ; voici le témoignage de Marius Franchius : « Je me souviens d'avoir entendu plusieurs fois raconter que l'auguste Mère de Dieu, accompagnée d'un chœur de vierges, avait apparu à Stanislas lorsqu'il était sur le point de rendre le dernier soupir, et qu'il était mort en s'entretenant avec la sainte Vierge et avec celles qui lui faisaient cortège J'ai entendu bien des fois raconter cela clairement. Je l'ai entendu affirmer. J'ai aussi entendu dire à plusieurs religieux et à plusieurs prêtres de la Compagnie qu'ils tenaient ce fait miraculeux du Père Alphonse Ruiz, qui, alors maître des novices, assista Stanislas à ses derniers instants. » Ce même Père Ruiz ajoutait que le saint jeune homme, au moment de sa mort, dit à ceux qui entouraient son lit : « Je vois dans une lumière très claire, avec une ineffable joie, la bienheureuse Marie entourée d'un chœur de vierges. »

que quelque chose d'extraordinaire se passait. Stanislas portait tantôt d'un côté, tantôt d'un autre, ses yeux, qui semblaient voir des choses invisibles à tout le monde. Quoiqu'on n'entendît pas les paroles qu'il prononçait, on comprenait qu'il les aaressait à quelqu'un qui était devant lui, et on le voyait de temps en temps commencer certains mots qui expiraient dans la douceur.

Le maître des novices qui était là, à genoux, apprit un instant après, de la bouche de Stanislas, que la sainte Vierge venait le prendre pour l'emmener avec elle. Le saint jeune homme lui raconta toutes les circonstances que nous venons de rapporter. Mais, pour ne pas retarder davantage son bonheur, et afin de partir avec sa mère qui l'attendait, il prit son chapelet d'une main, de l'autre un cierge béni, et allumé, pour témoigner qu'il mourait dans la foi de l'Église romaine, et rendit le dernier soupir.

Il était à peu près trois heures et demie du matin. C'est à ce moment que l'aube du jour paraît, au milieu du mois d'août, à Rome. On sait que la sainte Vierge quitta son tombeau au lever de l'au-

rore, et monta avec une troupe d'anges au ciel.
Ainsi tout le monde put reconnaître que Stanislas
avait fait une prédiction vraie, quand il avait dit
qu'il serait au paradis pour la fête de l'Assomption.

CHAPITRE XXXIX

A quel signe admirable on reconnut que saint Stanislas ne vivait plus, et comment on coucha son corps virginal sur un lit de fleurs ; enfin comment toute la ville accourut pour lui baiser les pieds.

Ainsi mourut, véritablement au milieu des joies du ciel, notre angélique Stanislas. Ses derniers moments sont bien la partie la plus belle et la plus délicieuse de sa vie. La mort le frappa avec tant de douceur, qu'on serait porté à penser qu'elle ne fut pas pour lui ce qu'elle est pour les autres hommes, le châtiment du péché. Au reste, on ne s'étonne pas de ce qu'il ait plu à Dieu d'épargner les angoisses de l'agonie à un jeune homme qui avait vécu avec une telle innocence.

Cependant Stanislas avait rendu si paisiblement le dernier soupir, qu'on ne s'en aperçut pas tout de suite. Tous les yeux étaient pourtant demeurés fixés sur lui ; mais comme son visage n'avait aucunement changé, que lui-même n'avait pas fait le plus léger mouvement, mais qu'il continuait toujours à regarder le ciel, on pensa qu'il était encore en vie. Un de ceux qui étaient le plus près de son lit, se rappelant la joie qu'on lui causait toujours quand on lui montrait l'image de la sainte Vierge, et l'air angélique qu'il avait alors, voulut approcher de ses yeux la chère image. La figure de Stanislas demeura immobile, aucune larme ne coula de ses yeux ; on ne vit sur ses lèvres aucun sourire. C'est par là qu'on comprit qu'il était mort.

On exposa sur un lit de fleurs Stanislas revêtu de son pauvre habit de religieux. La Compagnie n'avait pas l'habitude [1] de coucher ainsi sur les

[1] Hoc publicum testimonium habuit etiam in morte, quod virgo permansisset : et idicirco præter Societatis morem, corpus ejus floribus conspersum fuit. *Proc, rom.* page 852.

fleurs le corps de ses chers défunts ; mais elle avait voulu faire cela pour son angélique enfant, afin d'honorer sa pureté surhumaine. On lui mit dans la main son rosaire et son image de la sainte Vierge. On lui laissa les pieds nus. La mort ne put ternir sa beauté, ni faire disparaître la douceur de son sourire. La couleur de son visage ne se flétrit point ; dans ses traits, toujours le même air céleste que quand il vivait, excepté pourtant que l'impression produite par cette figure d'ange était plus consolante encore et plus douce depuis que son âme était au ciel. Ainsi, au milieu des lis et des fleurs, il semblait doucement endormi.

Aussitôt que le bruit de sa mort se fut répandu, une foule de Pères et de Frères accoururent de la maison professe, du Collège romain, du Collège germanique et de toutes les maisons que la Compagnie avait dans la ville. Tous voulaient avoir la consolation de lui baiser la main. Leurs yeux ne pouvaient se rassasier de le voir. En approchant de lui, on se sentait rempli d'une consolation spirituelle très douce, et on éprouvait dans son cœur de grands désirs de servir Dieu. Les

Pères les plus âgés de la Compagnie, ceux qui avaient été disciples de saint Ignace, vinrent aussi. Et ce ne fut pas sans attendrissement qu'on vit ces vénérables vieillards se mettre à genoux auprès de Stanislas, et baiser humblement ses pieds en les arrosant de leurs larmes. Surtout ils ne pouvaient contenir leur émotion à la pensée de la grande grâce que Dieu avait faite à l'ordre encore naissant, en lui donnant un jeune homme aussi angélique. Quelques-uns s'affligeaient de le voir aller sitôt au ciel ; car ils se disaient que, si en quelques mois il était arrivé à un tel degré de vertu, on aurait pu espérer qu'une plus longue vie eût augmenté ses mérites, et qu'ainsi sa sainteté eût été encore plus éclatante.

Et ce ne fut pas seulement toute la Compagnie de Jésus qui vint voir Stanislas sur son lit de mort. Rome tout entière s'émut, et on arriva en foule de tous les côtés au noviciat de Saint-André. Dans toutes les rues de la cité, dit un auteur [1], on n'entendait que ces paroles : « Le saint jeune

[1] Le Père Salvatore Pascale.

homme est mort ; l'ange d'innocence s'est envolé
au ciel ; Stanislas Kostka, novice très fervent de la
Compagnie de Jésus et très pieux serviteur de la
sainte Vierge, a été appelé à prendre part au glorieux triomphe de Marie. Stanislas est au paradis ! »

La chambre était continuellement encombrée
de monde. On couvrait de baisers le corps saint ;
on se trouvait heureux quand on avait pu prendre
la plus petite fleur parmi toutes celles qu'on avait
répandues sur lui. Ces fleurs, parce qu'elles lui
avaient touché, étaient déjà considérées comme
de précieuses reliques. Enfin le concours fut si
grand, on mit tant d'empressement à venir vénérer les dépouilles mortelles de cet ange, que le
Père François Toledo, qui fut depuis cardinal,
s'écriait : « Chose merveilleuse ! chose merveilleuse ! voilà un petit jeune homme polonais qui
meurt, et qui après sa mort attire à lui la ville
tout entière. Tout le monde veut le voir ; on veut
lui baiser les mains, on veut lui baiser les
pieds. Nous autres, qui sommes déjà vieux,
quand nous mourrons, que nous fera-t-on ? » Il

voulait dire par là qu'on leur rendrait des honneurs moins grands à eux qu'à ce tout jeune
homme, parce que les mérites ne se mesurent pas
sur le nombre des années, et que la sainteté est
un trésor dont Dieu peut enrichir le plus simple
enfant.

Une chose contribua beaucoup à porter un grand
nombre d'âmes à la dévotion envers l'admirable
novice. De grand matin, après qu'il eut expiré, on
vit accourir au noviciat un Père de la maison professe. C'était un saint religieux qui aimait beaucoup Stanislas. Il avait appris, la veille, que Stanislas était très malade, et s'était dès lors proposé de lui faire une visite le lendemain matin.
Voici ce qu'il raconta, en entrant, aux Pères qui
le reçurent et qui ne lui dirent pas d'abord que
Stanislas avait cessé de vivre : « Ce matin, quand
le jour commençait à poindre, je me disposai à
me lever. J'étais encore à moitié endormi, quand
il me sembla que je me dirigeais vers la maison
de probation pour avoir des nouvelles de notre
cher frère. Un novice vint au-devant de moi et me
demanda où j'allais. Je lui dis que je me rendais

à Saint-André. — Mais pourquoi faire? reprend le novice. — Pour visiter Stanislas qui est si malade. — N'allez pas plus loin, mon Père, dit le novice; Stanislas est au ciel. — Ces paroles me frappèrent, et je fis des instances au frère pour qu'il me dît où il avait appris cela. — Je le sais bien, je le sais bien, reprit le frère, et ce que je sais encore certainement, c'est qu'il est allé au ciel à trois heures, ce matin même. — Le frère, à ces mots, disparut. »

Les Pères à qui ce saint homme faisait ce récit, se regardaient entre eux; sans répondre un mot, ils le conduisirent dans la chambre de Stanislas. Voyant que le saint novice était mort, le religieux comprit ce que signifiait ce songe extraordinaire. Il se jeta à genoux et versa beaucoup de larmes. Il s'approcha ensuite avec la plus tendre dévotion de son jeune ami et baisa ses pieds à plusieurs reprises. La pensée qu'il était au ciel le comblait de consolation.

Il raconta le songe merveilleux qu'il avait eu à tous ceux qu'il vit, et cette chose étant bientôt répandue, confirma tout le monde dans la pensée qu'on avait déjà que l'âme de Stanislas, en quittant son corps, était allée tout droit au ciel.

CHAPITRE XL

Comment on enterra le corps virginal de saint Stanislas; et
comment les vertus de cet ange terrestre firent le sujet
de toutes les conversations.

Le vénérable général de la Compagnie, François
de Borgia, par respect pour la grande sainteté de
Stanislas, voulut que son corps fût déposé et conservé avec soin dans un cercueil de bois. C'est un
privilège qui s'accordait rarement alors, et si l'on
excepte saint Ignace et le Père Laynès, cette marque de distinction n'avait été donnée à personne
qu'à lui.

On sait que l'angélique Stanislas fut le premier
qui mourut dans la maison de Saint-André et qui
y reçut la sépulture. Les saints religieux de la

Compagnie de Jésus pensent que Dieu eut des desseins de bonté toute particulière à leur égard en permettant cela, et en faisant ainsi que leur noviciat se trouvât à jamais sanctifié par la mort de Stanislas et par la présence de ses précieuses dépouilles. Sa prodigieuse sainteté devenait, en quelque sorte, la pierre fondamentale de la maison. Les jeunes novices avaient à jamais le plus beau et le plus aimable type sur lequel ils pussent se former. Ainsi Dieu montrait, dans la personne de Stanislas, à la Compagnie, la manière dont il comprenait que devait être celui qui aspire à se ranger sous l'étendard de son adorable Fils.

Quand le corps saint eut été déposé dans la terre, c'est alors que commencèrent les révélations sur les vertus de l'admirable jeune homme. Le frère Etienne, se sentant délié de la promesse de ne rien dire des confidences qu'il en avait reçues, se mit à raconter sa belle vision de la sainte Vierge, et sa communion de la main des anges. On parlait de son amour pour Dieu, de l'ardeur de cette flamme qui brûlait son cœur, et qu'on était obligé de tempérer en mettant sur sa poitrine des linges imbibés d'eau froide. Le Père Aquaviva raconta la simplicité de son obéissance, et comment il avait refusé, un jour, de porter quelques morceaux de bois de plus, parce que le cuisinier ne lui avait pas dit d'en prendre un si grand nombre. Il parla de la grâce que saint Laurent lui avait obtenue de mourir le jour de l'Assomption.

Ce qui mettait surtout les religieux dans le ravissement, c'était l'admirable nature du mal auquel il avait succombé. Visiblement l'amour de Dieu l'avait fait mourir, et on ne pouvait pas attribuer à une autre cause la séparation de son âme et de son corps. Cette âme si sainte s'était toujours trouvée étrangère sur la terre; elle n'avait pu s'y acclimater. A mesure que Dieu s'était davantage révélé à elle, ses désirs de lui être unie pour toujours avaient augmenté; cette âme avait fini par être consumée d'un tel amour, qu'emprisonnée dans un corps mortel, elle ne pouvait plus contenir cette flamme divine, et il était devenu nécessaire qu'elle s'en allât aux cieux aimer à son aise et sans entraves celui qui faisait son unique félicité [1].

On a de la peine à comprendre que l'amour de Dieu, quand il remplit une âme, finit par rendre à cette âme son corps inhabitable. On dit que cela

[1] Bossuet, dans un sermon sur l'Assomption de la sainte Vierge, établit d'une manière admirable que l'amour de Dieu a fait mourir l'auguste Reine des anges. Nous ne croyons pas inutile de transcrire ici quelques-unes de ces magnifiques paroles qui répandront la lumière sur notre sujet, en montrant, par l'exemple de la sainte Vierge, comment il peut se faire que l'amour de Dieu brise les liens qui attachent l'âme au corps. « Ne nous persuadons pas qu'en subissant la loi commune de la mort, Marie ait dû la subir d'une façon ordinaire. Tout est surnaturel en Marie..., et sa vie, pleine de merveilles, a dû enfin être terminée par une mort toute divine. Mais quel sera le principe de cette mort surnaturelle ? Chrétiens ce sera l'amour; l'amour divin fera cet ouvrage; c'est lui qui enlèvera l'âme de Marie, et qui rompant les liens du corps qui l'empêchent de joindre son Fils Jésus, réunira dans le ciel ce qui ne peut aussi bien être séparé sans une extrême violence... Si vous m'en croyez, âme saintes, vous ne travaillerez pas vos esprits à chercher d'autres causes de sa mort. Cet amour étant si fort, si ardent et si enflammé, ne poussait pas un seul soupir qui ne pût rompre tous les liens de ce corps; il ne formait pas un regret qui ne dût en troubler toute l'harmonie; il n'envoyait pas un désir au ciel qui ne dût tirer avec soi l'âme de Marie. »

tient à ce que l'âme, pour exercer ses plus nobles fonctions, a besoin du ministère de ce qu'on appelle les esprits, qui sont la fleur de la substance du corps, et que, si elle prolonge trop longtemps, par exemple, ses actes d'amour, qui tiennent la première place au milieu de toutes ses opérations, ces esprits finissent par s'affaiblir et se consumer. Le corps, dépourvu de cette substance qui le fait vivre, ne tarde pas à succomber.

S'il en est ainsi, en se reportant aux défaillances qu'à chaque instant le saint jeune homme éprouvait depuis quelques mois surtout, quand il se mettait en oraison, et en se rappelant avec quels soins les Pères veillaient sur lui pour modérer ces véhéments transports d'amour qui le prenaient malgré lui, on s'expliquera la magnifique cause de sa mort. Et c'est ce qui faisait l'admiration de tout le monde.

On n'était pas moins ravi en pensant à la manière si douce dont ce saint amour le fit mourir. Avec la santé dont il avait joui jusqu'ici, succomber après trois ou quatre jours de fièvre légère paraissait vraiment une chose miraculeuse. Or-

dinairement, fait sagement observer le Père War-
sewiski, quand on succombe à une maladie de
quelques jours, les ravages que fait ce mal sont
affreux et les symptômes les plus alarmants se
manifestent. Pour Stanislas il paraît, tout le temps
légèrement indisposé, et quand il a cessé de vivre
on ne s'en aperçoit pas tout de suite, tant il a
doucement expiré.

On s'entretenait de toutes ces choses. On se racontait encore avec attendrissement comment il
priait, étant tout petit, dans la maison de son
père ; et puis, plus tard, ce qui lui arrivait durant
les nuits, quand il était en oraison et que ses cousins marchaient sur son corps ; enfin on parlait de
ses extases et du grand voyage qu'il avait fait en
mendiant son pain.

Dans les exhortations publiques, ses vertus
étaient le plus souvent la matière du discours. Le
maître des novices ne pouvait se taire sur son admirable innocence. Il le connaissait mieux que
personne, puisqu'il avait entendu les confessions
de Stanislas, et que le saint jeune homme lui
avait raconté toute sa vie, depuis ses plus ten-

dres années. Il aimait donc à dire à ses novices que Stanislas avait conservé sans tache son innocence baptismale. Quant à ces fautes légères dont les plus grands saints ne sont pas exempts, ce Père affirmait qu'il ne lui en était échappé qu'un très petit nombre ; et depuis son entrée au noviciat, c'est à peine s'il s'était rendu coupable d'une seule qui fournît une matière suffisante à l'absolution. Ce témoignage précieux rendu à l'innocence angélique de Stanislas par celui qui avait les plus intimes confidences de son âme, a été conservé, et on le lit avec grande joie dans le procès de sa canonisation.

FIN DE LA PREMIÈRE PARTIE

TABLE

Pages.

5631. — Tours, imp. Rouillé-Ladevèze)